蔡志忠中国古籍经典漫画 珍藏版

唐诗

千古的绝唱

蔡志忠 编绘

生活·讀書·新知 三联书店

图书在版编目（CIP）数据

唐诗：千古的绝唱 / 蔡志忠编绘．-- 北京：生活 · 读书 · 新知三联书店，2012.9 （2014.6 重印） （2015.6 重印）
（蔡志忠中国古籍经典漫画 · 珍藏版）
ISBN 978-7-108-04240-8

Ⅰ．①蔡… Ⅱ．①蔡… Ⅲ．①漫画－连环画－作品集－中国－现代 Ⅳ．① J228.2

中国版本图书馆CIP数据核字(2012)第203317号

责任编辑 饶淑荣 郑 勇
封扉设计 罗 洪
责任印制 徐 方
出版发行 生活 · 讀書 · 新知 三联书店
（北京市东城区美术馆东街 22 号）
邮　　编 100010
网　　址 www.sdxjpc.com
经　　销 新华书店
印　　刷 北京市松源印刷有限公司
版　　次 2012 年 9 月北京第 1 版
2015 年 6 月北京第 3 次印刷
开　　本 850 毫米 × 1168 毫米 1/24 印张 10.25
图　　字 01-2000-1114
印　　数 12,001-17,000 册
定　　价 380.00 元（全套16 册）
（印装查询：01064002715；邮购查询：01084010542）

唐诗——千古的绝唱

◉萧丽红

◉目录

缘由

——我为什么要写这篇「序」

◉萧丽红

二三年前，有那么一天，突然发现儿子、女儿已经开始在看漫画。

他们各执画册左右边，一下嘻声笑起，一下彼此又催着对方快点！

在我们家，看课外书都得先经过盘查，当然得过妈妈我这一关！

谁买的——？

是老爸——！

原来老老小小都看过了，我竟然是最后一个不知情者——回想十岁时，自己也常常背着大人躲在出租的小店里，翻看各式漫画书。

事隔三十年，我从孩子专注、温良的眼神里重新读到置身漫画世界的乐趣，也印证成长生命不时需要「卡路里」之外的另一种营养。

现代人最常指陈的「问题家庭」、「不良少年」，在我看来，只起因于精神上他们是极端的营养不良。

我认识一个吃顿饭前后要费二个小时的小孩，她妈妈说：

「她不太长肉，脾胃不开，吃了也不吸收！」

就是这句话，使我联想起一些事来：

少年时，你、我、他都从《唐诗》得到过营养，从《庄子》、从佛家……

一直到确定自己。

谢谢蔡志忠以孩子可以吸收的管道，帮助他们消化这些养分，在人生长远的路途，我们是不时需要养分的！

诗体简释

一、古诗

古诗起源于两汉，《文心雕龙·明诗篇》云：「古诗佳丽，或称枚叔。」这里所说的古诗，是指《古诗十九首》，叔是枚乘的字，刘勰认为《古诗十九首》有些是汉代枚乘所作的。萧统的文选视《古诗十九首》为无名氏所作。其后，像李陵苏武的赠答诗，建安、正始、太康、永嘉、义熙、元嘉、永明等汉魏六朝人的诗，都是古诗的体制。唐以后，诗人不放弃古人作诗的韵律，称之为古诗。这种诗体，仍为后人所乐用。

古诗有四种：有四个字一句的四言古诗，有五个字一句的五言古诗，有七个字一句的七言古诗，有字数不定的杂言古诗。通常诗人所写的是五言和七言两种。

古诗的作法，在句式上，每篇没有定句，长短视内容而定：有四句为一首的，如陈子昂的《登幽州台歌》便是；有六句为一首的，如孟郊的《游子吟》便是；有八句为一首的，如杜甫的《望岳》便是；有十句为一首的，如王维的《渭川田家》便是；以至十几句，数十句的长诗，如李白的《长干行》、白居易的《长恨歌》便是。长篇的古诗，大抵以四句一组为原则，结束时，多为双数句。

五言古诗，简称「五古」，是每句五字的古诗。所谓「古诗」，是依照古代诗人写诗的方式，只要用韵，不讲平仄的一种诗体。古诗又名「古体诗」，与唐代流行的「近体诗」相对。近体诗包括「绝句」和「律诗」，讲究平仄，因此古诗异于绝律。

七言古诗，简称七古，这种诗体，起源于汉代的「柏梁体」，渊源于楚歌、骚辞。汉武帝元封三年（公元前一〇八），筑柏梁台成，于是君臣登台联句，便是七言古诗的伊始。宋严羽《沧浪诗话》云：「五言起于李陵、苏武，七言起于汉武柏梁。」是可信的。今汉人的七言诗多亡佚，而流传下来的，像董桃行、桓帝时的童谣歌，只不过杂有七言的句子。直到曹丕的燕歌行，才算纯粹的七言诗。其后魏晋南北朝间，七言诗不及五言诗那么流行，到隋唐后，七言诗才被诗人大量的制作，于是七言古诗的兴盛时期，晚至唐代。

大抵诗体的流变与音乐的关系。七言古诗的形式，也与乐府有关。诚如王闿运所说的：「四言如琴。五言如笙箫，歌行七言如羌笛琵琶，繁弦杂管，故太白以为靡。然人不能无哀乐，哀乐不能无偏激感宕，故自五言兴而即有七言，而乐府琴曲，希以赠答，至梁而大盛。凡四言、五言所施，皆有以七言代之者。」所以七言古诗，如繁弦杂管，叙事抒情，更是绮縠缤纷，缠绵尽致了。

二、乐府诗

乐府，含有官署和诗体的双重意义。乐府的由来，始于汉代的房中歌、郊祀歌，其先是三言、四言、杂言的乐歌，其后五言乐辞才由民间采进，于是五言的乐府诗，才普遍地流行。汉高祖唐山夫人作《房中歌》，用以郊祀。惠帝时，使夏侯宽任「乐府令」，汉武帝时，设立「乐府」，是官署的名称，并由李延年任协律都尉。由于此项官署的职守，在搜集民间的歌谣，增损其声律，使适合宫廷演唱时用的，因此，乐府成为民歌的代称。《汉书·礼乐志》云：「武帝定郊祀之体，祠太一于甘泉，就乾位也。祭后土于汾阴，泽中方丘也。乃立乐府，采诗夜诵，有赵、代、秦、楚之讴。李延年为协律都尉，多举司马相如等数十人造为诗赋，略论律吕，以合八音之调，作十九章之歌。」

其后，乐府诗的流行日广，汉人大抵以郊庙歌、鼓吹曲、横吹曲、相和曲为主，魏晋南北朝时，以清商曲为主，从魏晋到隋唐，对民间的俗乐，又可称为「清乐」。唐人作乐府诗，多沿乐府旧题而作，或依乐府方式而创新调。到杜甫时，始尝试乐府新题，如《丽人行》、《丹青引》、《茅屋为秋风所破歌》等，已是用古诗的风格来写乐府，着重诗歌讽谕精神，而渐渐丧失掉音乐的成分。到白居易时，更变本加厉，主张「歌诗合为事而著」，标名为「新乐府」。于是乐府诗的范围，更加的广阔，而乐府诗已成为我国诗歌中重要诗体之一。

乐府诗，就是风谣、民歌。与音乐的演变，有密切的关系。乐府的种类，依郭茂倩《乐府诗集》的分法，大抵郊庙歌是宗庙的颂歌，燕射乐是群臣燕射的雅乐，鼓吹曲、横吹曲是国外所输入的胡乐，相和曲、清商曲是采自民间的歌谣，除此以外，还有舞曲歌、琴曲、杂曲歌、近代曲、杂歌谣、新乐府等种类。

三、近体诗

近体诗包括：绝句、排律、律诗三种，均有五七言之分，以五字一句为五言，七字一句为七言，只不过四句诗是绝句，八句诗是律诗，八句以上，便是排律。这些诗体，都讲求平仄声律，对仗工整，与古诗的作法有别。绝句可对仗，可不对仗；律诗和排律，除首尾两联可不对仗外，其余各联，均两两对仗。由于排律的限制太多，作者较少，所以《唐诗三百首》中，没有选录。

近体诗的形成，是由齐永明间沈约和周颙的《声律说》所引起，写诗着重四声八病，双声叠韵等技巧的运用，加以受六朝清商曲——吴歌与西曲的影响，造成小诗的勃兴，所以在六朝的末叶，绝句和律诗已略具雏形。清王闿运的《八代诗选》卷十二至十四，专选齐到隋百余年中稍有格律的诗，名之为「新体诗」。在王闿运前两百年，王夫之的《古诗评选》中，第三卷名之为「小诗」，第六卷名之为「近体」，可视为闿运的先驱。「小诗」为绝句的前身，「近体」为律诗的前身，而「新体诗」实已包括了小诗和近体。

所谓「律诗」，就是调平仄，拘对偶，镕裁声律，约句准篇的诗体。这种诗体的作法，有一定的格律，分五言律诗和七言律诗。每首固定八句，每两句称一联，上句叫做「出句」，下句叫「对句」。同时每联的名称也不同：通常第一、二两句不对仗，称为「首联」；第三、四两句必对仗，称为「颔联」；第五、六两句必对仗，称为「颈联」；第七、八两句不对仗，称为「末联」。

五言律诗，又称「五律」，是近体诗的一种。近体诗，与古体诗相对，唐人称它为「新诗」或「新体诗」，如杜甫的「新诗句句俱堪传」，白居易的「忽惊芳信至，复与新诗并」，其中所说的新诗，便指绝句和律诗。

七言律诗，简称「七律」。绝句和律诗，同为近体诗，绝句仅四句，而律诗为八句以上。所谓律诗，如元稹《叙诗寄乐天书》云：「声势沿顺，属对稳切者为律诗。」也就是说，要调平仄，讲黏对，拘对仗，镕裁声律，约句准篇的诗体，便是律诗。律诗有定句，共八句，八句以上的便是排律。律诗有五、七言之分，五字一句的称五言律诗，七字一句的为七言律诗。

所谓绝句，又名断句、短句、截句，都是四句体的小诗，而有「截然而止」的意思，合乎意在言外的原则。清李锳《诗法易简录》云：「绝句贵有含蓄，所谓弦外之音，味外之味。」又云：「所谓含蓄者，固贵其不露，尤贵其能包括也。」便是要使诗中的情意酣畅淋漓，尚有不尽之意。

五言绝句，简称「五绝」。绝句和律诗，同属近体诗，与古体诗相对待。近体诗讲格律，不论句数的多寡，用字的平仄，押韵的方式，都有严格的限制，不像古体诗那样自由。因此绝律的形成，可以说是我国形式格律的文学发展到最高的极致。同时，这种诗体也要求内涵的无限，虽然只用少量的文字，如五绝二十字，七绝二十八字，五律四十字，七律五十六字，却要表现诗人复杂的情感，错综的人生面，不论在诗情、诗意、诗境的呈现，或是情韵、诗趣、化境的塑造，都能做到意在言外，言有尽而意无穷的境地。所以绝句和律诗，是我国文学中达到最完美、最高妙的艺术结晶。

七言绝句，简称「七绝」。七绝的起源，导源于六朝的乐府小诗。明王夫之的《姜斋诗话》上说：「绝先于律，五言绝句，自五言古诗来；七言绝句，自歌行来。」所谓「歌行」，便是指乐府诗。六朝的乐府诗，为篇幅短的小诗，如《女儿子》，是两句七言的诗，诗云：「巴东三峡猿鸣悲，夜鸣三声泪沾衣。」但未成四句的绝句。宋鲍照多七言的作品，然尚无四句的七言诗，汤惠休的《秋风引》，已具七绝的形式，他如梁武帝、简文帝，已有七言四句的小诗。如简文帝的《乌栖曲》、《春别诗》，音韵平仄已能谐合，可称为七绝的先声，今举他的四首《乌栖曲》中的一首为例：

「浮云似帐月如钩，哪能夜夜南陌头；宜城投泊(酒)今行熟，停鞍系马暂栖宿。」

这首诗用韵和平仄很自由，保存民歌的风格，可视为古绝，与格律严谨的律绝，还有一段距离。

大抵七绝的兴起，要比五绝晚些，五绝孕育于汉魏，成立于齐梁；七绝滋生于齐梁，成立于陈隋，至于五七言绝句，均成熟于唐朝，唐人将近体诗拓展到登峰造极的境界。

（节自台湾三民书局《新译唐诗三百首》）

唐诗

千古的绝唱

1

　　《唐诗三百首》，蘅塘退士所编。共选诗三百一十首，今原刻本已不得见，所见为清道光十五年（一八三五）章燮的注疏本。章注增选了十一首，合计为三百二十一首。

　　《唐诗三百首》收七十七家诗，兼及无名氏的民歌。其中作品入选最多的要算杜甫，共三十六首，其次是李白和王维，各二十九首，再其次是李商隐，共二十四首，章氏所增的不计在内。

　　以诗体而论，所选之诗，兼及各体，包括古体、近体、乐府三类，然以近体诗为最多。就诗家而言，除前述四家外，其他唐诗四期的作家，也大致分配均匀。

唐诗

——千古的绝唱

蘅塘退士简介

在古今的唐诗选本中，最脍炙人口的要算蘅塘退士的《唐诗三百首》了。

蘅塘退士是别号，是个隐者，他的姓名叫孙洙，字临西，江苏无锡人。生于清朝康熙年间，乾隆九年中举，担任过景山、上元县府的官教习，十九岁进士及第，做过直隶山东的知县，清廉高洁，不失书生本色。乾隆二十八年（一七六三）春，他与妻子徐兰英互相商榷，编成《唐诗三百首》，颇负盛名，风行海内外。

蘅塘退士的《唐诗三百首》，确能选出唐人最好的诗，又能做到雅俗共赏的地步，是一部通俗而流传极广的诗集，朱自清特别在《唐诗三百诗读法指导》一文中推崇它。

蘅塘退士编选《唐诗三百首》的动机为：「世俗儿童就学，即授《千家诗》。取其易于成诵，故流传不废。但其诗随手掇拾，工拙莫辨；且止七言绝律二种；而唐、宋人又杂出其间，殊乖体制。因专就唐诗中脍炙人口之作，择其尤要者，每体均数十首，共三百余首，录成一编，为家塾课本，俾童而习之，白首亦莫能废。较《千家诗》不远耶？谚云：『熟读唐诗三百首，不会吟诗也会吟。』请以是编验之。」

唐诗

千古的绝唱

王勃

六五〇—六七五

王勃，字子安，绛州龙门人。

六岁能写文章，九岁读颜师古汉书注，便能指出其中的错误，撰《指瑕》十卷。十二岁时以神童被举荐于朝廷。麟德元年，十五岁，对策高第，授朝散郎。

上元二年，王勃跟父亲到交趾去，渡海溺水，惊悸致病而卒，年二十六。他是初唐杰出的青年诗人，与杨炯、卢照邻、骆宾王齐名，称「初唐四杰」。著有《王子安集》十六卷传世。

这是王勃为送杜少府至蜀州上任的诗。

杜少府，指杜姓少尉，生平不详。蜀州，在今四川省崇德县。

◉三秦：指京城长安。《史记・秦始皇本纪》：「项籍灭秦之后，各分其地为三，名曰雍王、塞王、翟王，号曰三秦。」

◉风烟望五津：风烟，风景也。五津，长江五处著名之渡口，在今四川省。《华阳国志・蜀志》：「始曰白华津，二曰万里津，三曰江首津，四曰涉头津，五曰江南津。」

1
送杜少府之任蜀州
城阙辅三秦，
风烟望五津。

2
与君离别意，
同是宦游人。

3
海内存知己，
天涯若比邻。

4
无为在歧路，
儿女共沾巾。

长安的城墙拥卫着京师，蜀地的五个津渡，都弥漫着烟尘。我们都是在外做官的人，在此分别时心里怀着无限的感伤。在四海之内，还有你这个好朋友；现在虽然分别，但即使是在天涯海角，也好像是近处的邻居一样。千万不要在叉路口上，学那小儿女的模样，让眼泪湿透了罗巾！

王勃在二十岁前后，曾至蜀中游历了一年左右，此诗即他旅游蜀中时所作。

◉万里：此语用意双关。一是形容归程之长；一是指四川成都南面的万里桥。相传三国时，蜀国派费祎出使东吴，费祎对送行的人说，我此次前往东吴的万里路程，就从此桥开始吧！之后，此桥即称「万里桥」。

长江悲已滞，
山中
万里念将归。
路程这么远，何时才能回到家乡呢？
况属高风晚，

山山黄叶飞。

归心似箭，只恨长江水流得太慢了。因为归程遥远，才令人如此忧心，何况又是正当秋风四起，落叶飘零的时节，更加深了对家乡的思念。

贺知章

六五九—七四四

贺知章，字季真，自号四明狂客，越州永兴人。武则天证圣元年进士。累官至太子宾客，秘书监。唐天宝初年还乡为道士。享年八十六岁。

贺知章少年便有诗名，与李白、张旭等喝酒咏唱，性旷达，善谈论笑谑。他的诗作清新通俗，意境鲜明，耐人寻味。

作者离家几十年后重返故乡，既感到对乡土的亲切，又从乡里儿童的问话中，增添了时光易逝，人生易老的感慨。

本首诗用通俗简明的语言，描摹了百感交集的心情。

◉衰：与缞同，斑白也。

张九龄

六七三—七四〇

张九龄，字子寿，韶州曲江人。

唐玄宗时，得张说的举荐，任集贤院学士，后拜中书侍郎。开元二十一年迁中书令，任右丞相。二十四年因极言直谏，遭李林甫的谗谤，贬为荆州长史，旋归里，作感遇诗以抒己志。开元二十六年卒，享年六十八。后人称他为曲江公，著有《曲江张先生文集》。

张九龄的《感遇诗》共十二首。所谓感遇，是回忆过去的遭遇，然后有所感发的意思。

◉双翠鸟：翠鸟，又名鱼狗，善捕鱼，背有翠绿的羽毛。在此比喻李林甫和牛仙客二小人。

◉三珠树：树名，见《山海经》。形似柏，叶上有珠，是古代神话中的树。

感遇其一
1
孤鸿海上来，池潢不敢顾。
2
侧见双翠鸟，巢在三珠树。
3
矫矫珍木巅，得无金丸惧？
4
美服患人指，高明逼神恶。

5
今我游冥冥，弋者何所慕？

有一只孤鸿，从海面上飞来，不敢向下张望；偶然瞥见有一对翠鸟，把巢筑在珍贵的三珠树上。它们栖息在这高危的树顶上，难道不怕弹丸的射击吗？我想人们穿了华丽的衣服，尚且要提防旁人的指摘，居在高位的人，也害怕遭到鬼神的憎恶。如今我就像孤鸿一般，在广漠无涯的天空中自由飞翔，那射鸟的人，对我还有什么企图呢？

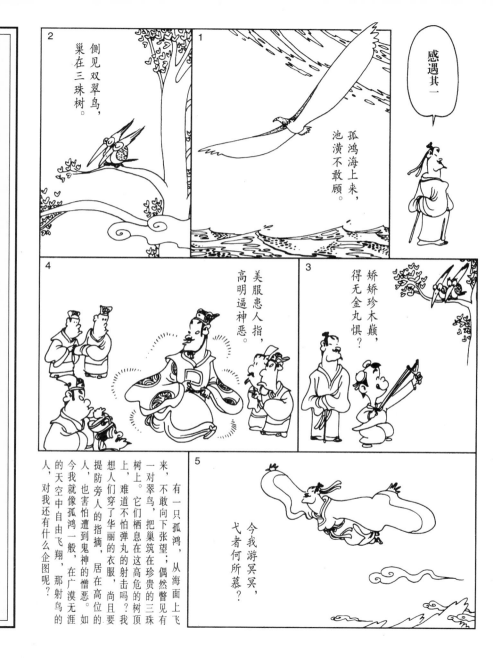

感遇其二
1
兰叶春葳蕤，
桂华秋皎洁；
2
欣欣此生意，
自尔为佳节。
3
谁知林栖者，
闻风坐相悦。

4
草木有本心，
何求美人折？

春天时，兰叶茂盛，秋天时，桂花洁白；这种生气蓬勃的景观，自然形成了美好的时节。哪里知道就是隐居在山林中的人，看到了这样的景物，也觉得非常的欣赏哩。我以为草木本具有坚贞幽静的本质，又何尝希望美人来攀折呢？

◉葳蕤：花叶茂盛的样子。

◉桂华：即指桂花。

◉自尔：自然。

◉何求美人折：何尝希望美人来攀折？美人，喻君相。

此首写归隐后的心境，及思君的忠诚之心。

◉幽林归独卧，滞虚洗孤清：坊间本均作「幽人归独卧，滞虑洗孤清」。全句指归隐后，久处虚静，可以涤除心头的孤寂。

◉高鸟：喻幸居高位者。

◉飞沉理自隔：指在朝在野，形势相隔。

感遇其三
幽林归独卧，滞虚洗孤清。
1
持此谢高鸟，因之传远情。
2
日夕怀空意，人谁感至精？
3

飞沉理自隔，何所慰吾诚？
4

我回到幽林下隐居，处于虚静之中，可以涤除心头的孤寂，成为一个清高的隐士；并以此来答谢高飞的鸟儿，托它传达我的情怀给远方的人。我日夜怀抱着高远的理想，可是有谁能够被我的精诚所感动呢？如今朝野情势相隔，那么又怎能慰藉我的一片忠诚呢？

此首《望月怀远》，情中有景，景中有情，情景交融，产生境界，真挚可爱。

◉竟夕：终夜。

◉灭烛怜光满：谢灵运《怨晓月赋》有「灭华烛兮弄晓月」句，诗意本此。怜，爱也，光，指月光。

1
海上升明月，
天涯共此时。
望月怀远

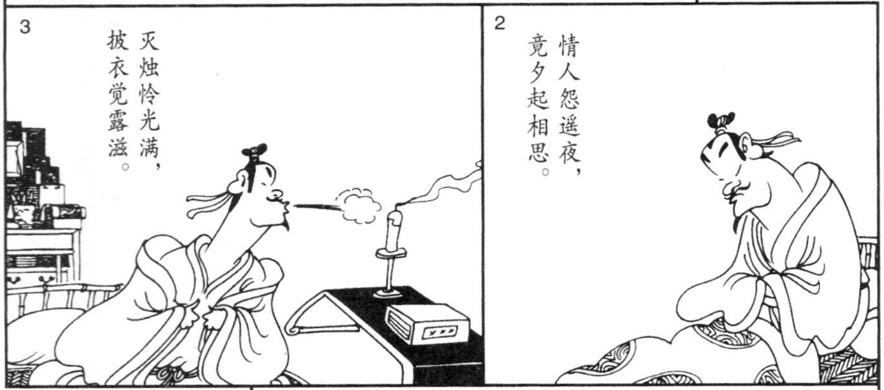
2
情人怨遥夜，
竟夕起相思。
3
灭烛怜光满，
披衣觉露滋。

4
不堪盈手赠，
还寝梦佳期。

一轮明月从海面升上来，我们虽不在一起，却可以同时欣赏到。有情的人，不免怨恨着漫漫的长夜，终夜不断为相思所苦。因为怜爱着月光，便吹灭了蜡烛；我披了一件衣服，方感觉到露水的湿寒。但我无法用双手捧着这月光来送给你，只得回到房里去睡觉，在梦中和你好好的相会。

唐玄宗，名隆基，睿宗之第三子。

二十八岁即天子位，任姚崇为相，而有开元之治。天宝四年，册封杨太真为贵妃，天宝十一年，又任其兄杨国忠为右相兼文部尚书，由于杨国忠恃宠弄权，造成安禄山的变乱，攻入长安，而有天宝之乱。玄宗奔蜀，肃宗即位于灵武，尊玄宗为太上皇。

玄宗在位共四十三年，卒于宝应元年，享年七十八。谥曰明，著有诗一卷。

唐玄宗

六八五—七六二

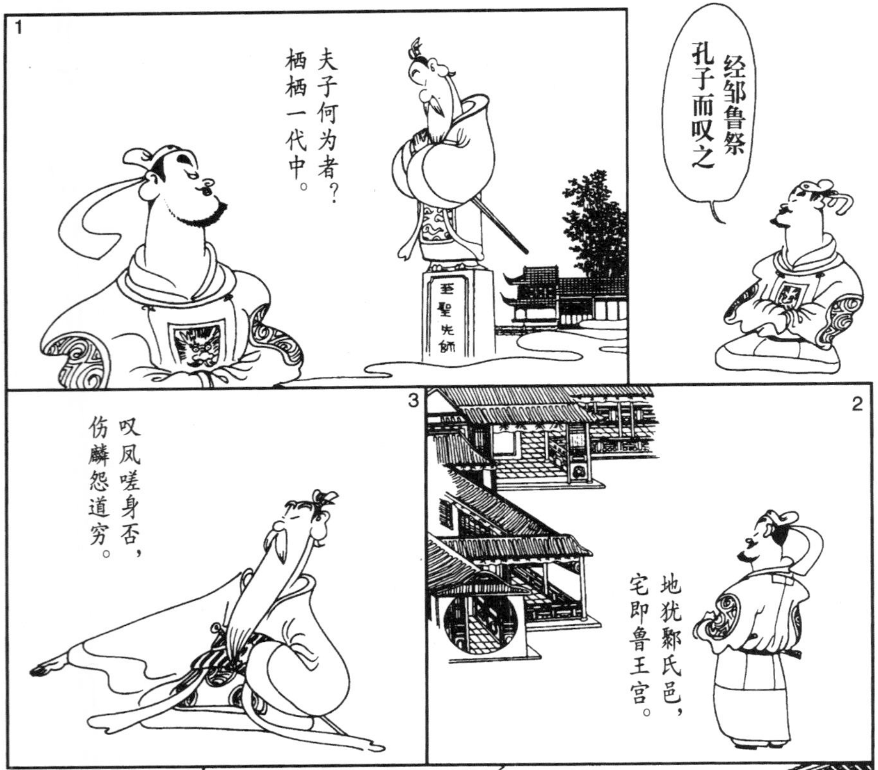
1
经邹鲁祭孔子而叹之
夫子何为者？栖栖一代中。
至聖先師
2
地犹鄹氏邑，宅即鲁王宫。
3
叹凤嗟身否，伤麟怨道穷。

4
今看两楹奠，当与梦时同。
祭

你这位老夫子，究竟是为了什么呢？竟一辈子忙忙碌碌地奔走。现在，这个地方仍旧是邹氏的下邑，而你的住宅却做了鲁恭王的宫殿。当年你自叹凤鸟不至，生不逢辰；你又感伤着有人把麒麟捉获，埋怨自己的理想不能施展。现在看见这厅堂上的祭品，当和你梦中所见的情形是一样的吧！

依《新唐书·玄宗本纪》载：「开元十三年（七二五）十一月庚辰，封于泰山，丙申，幸孔子宅，遣使以六牢祭其墓。」此首当是经过曲阜孔子旧宅而作。

◎鄹：与邹同，县名，在今山东兖州县东南。孔子父叔梁纥，尝为鄹邑大夫，孔子生于此。

◎鲁王宫：鲁恭王好治宫室，尝坏孔子旧宅，以广其宫。

◎叹凤嗟身否：叹凤鸟不至，伤己身命蹇也。《论语》子罕篇：「子曰：凤鸟不至，河不出图，吾已矣夫！」

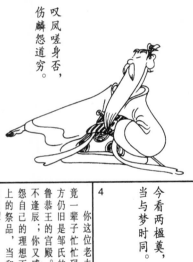

王之涣，并州晋阳人。
他做过县主簿、县尉等小官，由于遭人诬陷，曾一度弃官漫游。
王之涣是盛唐时期的重要诗人，与高适、岑参、王昌龄齐名，作风也相近，内容大都是描写边疆风光，表现出热情进取的人生观。

王之涣

六八八—七四二

登鹳雀楼
1
白日依山尽，
2
黄河入海流。

3
欲穷千里目，
4
更上一层楼。

我登上鹳雀楼，望见太阳靠着山头渐渐地落下去；黄河水势滔滔，一直奔流到遥远的海里。我觉得若要看清千里以外的景物，须再登上一层楼，才可见到哩！

此为一首登临远眺的诗。鹳雀楼，故址在今山西省蒲县西南。

宋沈括《梦溪笔谈》：「河中府鹳鹊楼三层，前瞻中条，下瞰大河，唐人留诗极多，惟李益、王之涣、畅诸三篇，能状其景。」

王之涣的出塞，又名凉州词，也是一首咏边塞的诗。《唐书·礼乐志》：「天宝间乐曲，皆以边地为名，若凉州、甘州、伊州之类。」王之涣的凉州词，是当时歌女们所喜爱咏唱的歌曲之一。

◉孤城：指凉州城，在今甘肃省武威县。

◉羌笛：古代羌族的一种管乐乐器。

◉杨柳：一指折杨柳曲，古曲名；一指杨柳树。

◉玉门关：古关塞名，在今甘肃省敦煌县西。

从塞外地方望过去，只见黄河远远而来，好像从白云间流出，远处一座孤城耸立在万仞的高山上。羌笛何必吹奏出折杨柳这样哀怨的曲调？塞外的春风是不能把这声音吹送到玉门关里面啊！

孟浩然

六八九—七四〇

孟浩然，字浩然，襄阳人。

早年隐居家乡鹿门山，读诗作诗，并漫游各地。四十岁时到京城长安考进士不中，失意而归，仍过隐居生活。开元末，病背疽而卒。

他的诗以写田园隐逸生活为主，诗风恬静淡远，长于五言短篇，为盛唐田园诗派重要作家之一，著有《孟浩然集》。

宿业师山房
待丁大不至
夕阳度西岭，群壑倏已暝。
松月生夜凉，风泉满清听。
樵人归欲尽，烟鸟栖初定。

之子期宿来，孤琴候萝径。

夕阳越过了西面的山岭，山谷在一瞬间便已昏暗下来。松间的月色，透着夜里的清凉，风声和泉声，充满着清新幽静的声响。这时山里的樵夫，差不多都已回家了；暮霭中的鸟儿，也刚才回到巢中栖息。我和朋友约好今晚到这里来住夜的，怎么到现在还不见踪影，我抱了一张琴，在长满松萝的小路上等候他。

孟浩然在老师的山中书房，约了好友丁大来夜语，结果友人不来而作此诗。全诗重点在一「待」字，情景真切动人。清沈德潜《唐诗别裁》评此诗：「山水清音，悠然自远，末二句见不至意。」

丁大，即丁凤，孟浩然之友。

1
夜归鹿门山歌
山寺钟鸣昼已昏，
渔梁渡头争渡喧；
咚
2
人随沙路向江村，
余亦乘舟归鹿门。
3
鹿门月照开烟树，
忽到庞公栖隐处；

4
岩扉松径长寂寥，
惟有幽人独来去。

山寺的钟声响起时，天色已近黄昏了；在渔梁渡头，许多人喧闹着要渡河回家。有些人沿着沙路，回到江边的村落，我也坐着船回到鹿门山。鹿门山的月色照亮烟水濛濛的树丛，我来到庞德公隐居的地方；他的居处是以岩石为门，松树掩蔽着的小路人迹罕至，显得很寂静，只有隐居的人独自在这里徘徊来往。

鹿门山，在今湖北襄阳县东南，原名苏岭山。东汉初年，襄阳侯习郁立神祠于山上，刻二石鹿，夹神祠道口，称鹿门庙。后以庙名山，是孟浩然隐居之处。

◉庞公：即庞德公，东汉襄阳人。在岘山耕种，不入城市。荆州刺史刘表授予官职，不受，后携妻子登鹿门山，采药不返。

八月的时候，洞庭湖的湖水很平静，它涵笼着虚无缥缈的空间，与苍天相接。云梦泽的上空，水气上蒸，湖波荡漾，摇撼着岳阳城。我想要渡湖，可惜没有船和桨；我平时安安逸逸，无所表现，实在愧对圣君。我坐着观看钓鱼的人，只有空羡慕他们得鱼的欢情。

这首诗是孟浩然借赞美洞庭洞壮丽雄奇的景色，表达他自伤不遇，希望得到张九龄的援引，以入仕途。张丞相，指张九龄，《新唐书·宰相表》：「开元二十一年（七三三），起复张九龄为中书侍郎，同中书门下平章事。」

◉云梦泽：古楚国之泽薮名。云梦本有二泽，分跨今湖北省境大江南北，江南为梦，江北为云，面积约八九百里，为古代诸侯畋猎之所。

这是一首寄赠之诗。作者客居长安，秋来，寄给方外朋友远上人的诗。远上人，和尚，生平不详。此诗流露了穷愁自叹的心绪，并对朋友离尘绝俗的生活，表示向往。

秦中，今陕西省。古秦国地，因称秦中。

◉三径：陶潜《归去来辞》：「三径就荒，松菊犹存」，今喻隐者所居处。

◉东林：庐山东林寺。晋高僧慧远所居之禅林。

◉然桂：然作「燃」。《战国策·楚策》：「楚国之食贵于玉，薪贵于桂，今臣食玉炊桂。」

秦中感秋寄远上人
1
一丘尝欲卧，三径苦无资。
2
北土非吾愿，东林怀我师。
3
黄金然桂尽，壮志逐年衰。
一个三十钱！

4
日夕凉风至，闻蝉但益悲。
嗄
嗄
嗄

我常想到丘林里去归隐，但可惜连这点机会和条件都没有。现留在北边，不是我愿意的；我时常想念住在东林寺的师友。这里生活费用高昂，我的积蓄都已经花光了；雄壮的志气，也一年一年的衰颓。傍晚的时候，凉风吹到我身上，听到蝉的叫声，心中更加悲伤。

孟浩然四十岁时，「游京师，应进士，不第，还襄阳」。这首诗就是在失意还乡时写的。王侍御维，即王维，与孟浩然是老友。开元末年，王维曾到襄阳，时孟浩然已逝，王维有《哭孟浩然》诗。

留别王侍御维
寂寂竟何待，朝朝空自归。
欲寻芳草去，惜与故人违。
当路谁相假？知音世所稀。

只应守寂寞，还掩故园扉。

我在这里静静地等待什么呢？天天在外面四处奔走，却毫无所获的回来。我想寻觅芳草，归隐山林，可惜要和老朋友分别。当朝有权势的人，有哪个肯提拔我呢？世界上本来就很难找得到知己的人。我只得回到家乡关起门守着寂寞的生活。

作者客居异地，又值初冬天气，有感于身世飘零，没有归宿，于是写下此诗。

◉襄水：在今湖北襄阳西北，一说指汉水。

◉曲：指曲折隐僻之处。

◉楚：今湖北、湖南等地。

早寒江上有怀
1
木落雁南渡，北风江上寒。

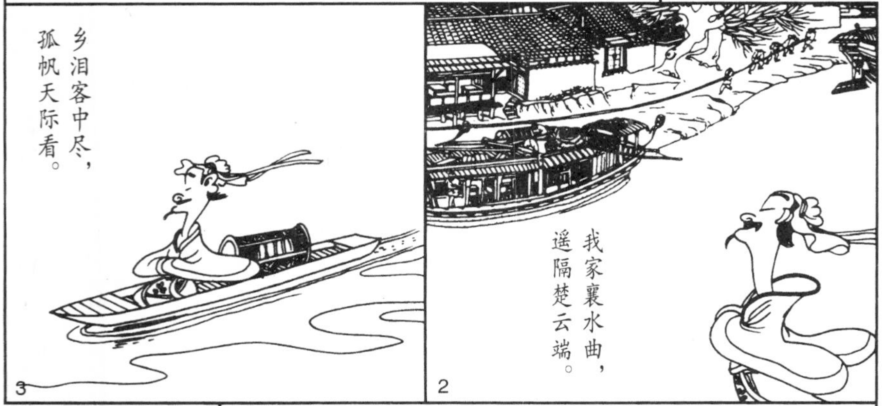
2
我家襄水曲，遥隔楚云端。
3
乡泪客中尽，孤帆天际看。

4
迷津欲有问，平海夕漫漫。

树叶黄落，鸿雁南飞，北风吹过江上，愈发地寒冷起来。我的家乡，是在襄水的旁边，是如此遥远的地方。因为思念家乡，我的眼泪在旅途中早已流尽，孤零零的一片风帆，正向天边驶去。我迷了路，想向人询问路径，怎奈茫茫江海，漫漫长夜，到什么地方去问呢？

宿建德江
1
移舟泊烟渚，
2
日暮客愁新。
3
野旷天低树，

4
江清月近人。

我将船停在建德江中一个烟雾笼罩的小洲旁，天色渐渐地暗下来，使在外做客的我，不免又多些新愁。遥望空旷的田野，天色好像比树木还低些，江水清澈，月色仿佛更接近人了。

孟浩然经钱塘江，夜泊停舟在建德附近，旅途有感，而作此诗。

建德江，今浙江省建德，有新安江，源出安徽，经建德，入钱塘江，即此所指的建德江。

◉烟渚：烟笼雾绕的小洲。

在这怡人的春天，我睡了一夜，不知道天色已亮，只听得到处鸟声啼叫。想起昨夜风雨里，不知道打落了多少花朵。

这是首千年传诵的小诗。描写春天的早晨，明朗而有情韵，诗句浅白通俗，千读百诵，仍不厌倦，确是一首上品的好诗。

李颀，东川人。家居颍阳，开元十三年进士及第，任新乡县尉，与王昌龄、刘方平、綦毋潜交往，有集一卷。《全唐诗》编其诗三卷，并有小传。

李颀

六九〇—七五一

这是一首军旅的乐府诗。《从军行》，写征人行役之事的诗歌，晋左延年曾有此歌辞。李颀依旧题而作，所以称为《古从军行》。

◉交河：旧县名。汉车师前王国治。唐置交河郡交河县。故城在今新疆省吐鲁番县西。

◉公主琵琶幽怨多：汉武帝派江都王建的女儿细君和蕃，下嫁乌孙国，是为乌孙公主。石崇王明君辞序云：「昔公主嫁乌孙，令琵琶马上作乐，以慰其道路之思。」

◉雨雪：下雪。

◉玉门：玉门关，在今甘肃省敦煌县西。古时为通西域的要道。

◉轻车：作战用的车子。

◉葡萄：一作「蒲桃」。水果名，可为酒，西域大宛所盛产，胡以此纳贡。

6
胡雁哀鸣夜夜飞，
胡儿眼泪双双落。

7
闻道玉门犹被遮，
应将性命逐轻车。

8
年年战骨埋荒外，
空见葡萄入汉家。

我在白天到山上望着那报警的烽火台，黄昏时牵着马到交河旁边去喝水。远征的人听得刁斗的声音，便觉得风沙暗沉沉的。这凄凉的景象，使我想起汉朝时下嫁乌孙国的公主，她所弹的琵琶声，一定含着无限的幽怨。在旷野里，远远望去，万里茫茫，看不见城郭；只有纷纷落雪，笼罩着广大的沙漠。每夜胡雁飞过时，总是悲哀地鸣叫着；即使胡人听了，也会落下泪水来。听说玉门关那边已被胡人隔断归路，我们自然要驾着战车和敌人拼命。在这里，一年年不知有多少战死的骸骨，埋没在荒野外，结果只看见胡人带着葡萄去进贡罢了！

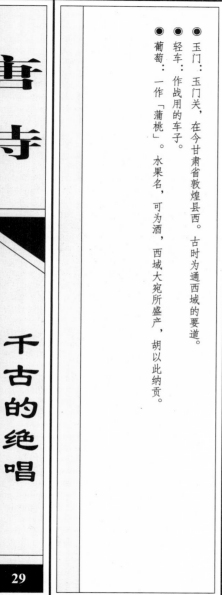

王昌龄

六九八—七六五

王昌龄，字少伯，山西太原人。

唐玄宗开元十五年进士。数任小官，屡遭贬谪，后被贬为龙标尉。安史之乱发生，被刺史闾丘晓杀害。

王昌龄以写边塞诗闻名，他的抒情诗也同样脍炙人口。他的诗气势雄浑，语言凝炼，音律铿锵，七言绝句写得尤其出色。

塞下曲，是以写边塞为主的乐府标题，大半是非战的，但却十分含蓄。

◉萧关：在今甘肃省固原县东南，为古代关中四关之一。

◉幽并：泛指今河北、山西一带的地方。

◉游侠：《史记·游侠列传》：「其言必信，其行必果，已诺必诚，不爱其躯，而解人之厄困者。」

◉紫骝：本汉横吹曲名紫骝马歌，《古今乐录》：「盖从军久戍怀归而作也。」

塞下曲其一
嘎
嘎
嘎
嘎
蝉鸣空桑林，八月萧关道。
出塞复入塞，处处黄芦草。
从来幽并客，皆向沙场老。
莫学游侠儿，矜夸紫骝好。

蝉在空桑林里叫着，这是八月萧关道上的景色。我从塞外再回到塞内来，眼中所见，处处尽是已变成黄色的芦草。自古以来往幽州和并州征成的人，都是终老在沙场上。所以我劝人们不要学塞外那些恃勇好胜的游侠儿，喜欢好马而忘了归家啊！

塞下曲其二
饮马渡秋水，水寒风似刀。
平沙日未没，黯黯见临洮。
昔日长城战，咸言意气高。

黄尘足今古，白骨乱蓬蒿。

在一个秋天的傍晚，我渡河后就让马儿在河边喝水。这时候水很冷，风像锐利的钢刀似地刮着。太阳依旧挂在平坦的沙漠上，还没有落下，望过去暗沉沉地隐隐可以见到临洮地方。想起从前长城战争的情景，人们都说这班英雄的意气是很高昂的。黄沙滚滚，千年依旧，而那些英雄的白骨，却凄凉地散在蓬蒿当中，怎不使人悲伤呢？

此首是描写塞外风景而感怀的乐府诗。

◉临洮：旧县名，始置于秦，蒙恬筑长城，起临洮，至辽东，即此；唐以后，没于吐蕃。即今甘肃省岷县。

◉长城战：泛指历代在边界御侮的战争，非专指某一役。《全唐诗》注：「一作龙」龙城，指河北省长垣县南一带。

◉蓬蒿：亦作茼蒿。花名，菊科。此泛指野花。

芙蓉楼送辛渐
寒雨连江夜入吴，
平明送客楚山孤。
洛阳亲友如相问，
回去后，朋友问起你要怎么说？
一片冰心在玉壶。
告诉他们说：我在这里光明磊落，清廉自守。
我在寒雨满江的夜里来到这吴地，次晨，便送走了你，留下楚地孤寂的青山。倘然洛阳那边的亲友问起我来，你只消说我存心明洁，心志淡泊，好像一片素冰放在白玉壶里一样，毫无杂念。

这是一首送别的诗。王昌龄在芙蓉楼送朋友辛渐到洛阳。向友人表示自己坚守廉洁的志向，同时也包涵了与友人共勉的意思。

芙蓉楼，故址在今江苏镇江城西北隅。

◉一片冰心在玉壶：玉壶，指用玉做的壶，专以盛冰。王维《清如玉壶冰》诗：「玉壶何用好？偏许素冰居。」一片冰心，指心清廉明洁，有如一块素冰。

闺怨
闺中少妇不知愁，
春日凝妆上翠楼。
忽见陌头杨柳色，

悔教夫婿觅封侯。

闺房里的少妇，本不知道有什么忧愁的。春天，她细细地妆扮好后，便走到华丽的楼阁上眺望景色。忽然看见路边杨柳青青，心有所感，十分懊悔当初教丈夫外出追求功名。

此首描写春闺怨的诗，对少妇矛盾的心，刻画入微。清李锳《诗法易简录》云：「写闺中娇憨之态如画。」

◉凝妆：盛妆。

◉陌头：指田间垄上、路边。

此首写宫女春怨，全书从侧面描写他人承宠，已可明了自己失宠的情形。《唐诗选评》引唐仲言解云：「是失宠者欣羡得宠者之词。诗之妙，在空灵，神传象外，不落言筌。若欲解之，势不能不以意逆志。」

◉露井桃：井边的桃树。《鸡鸣古词》：「桃生露井上。」

◉平阳：指汉平阳公主家的歌女。善歌舞，后为汉武帝所宠幸，立为皇后。

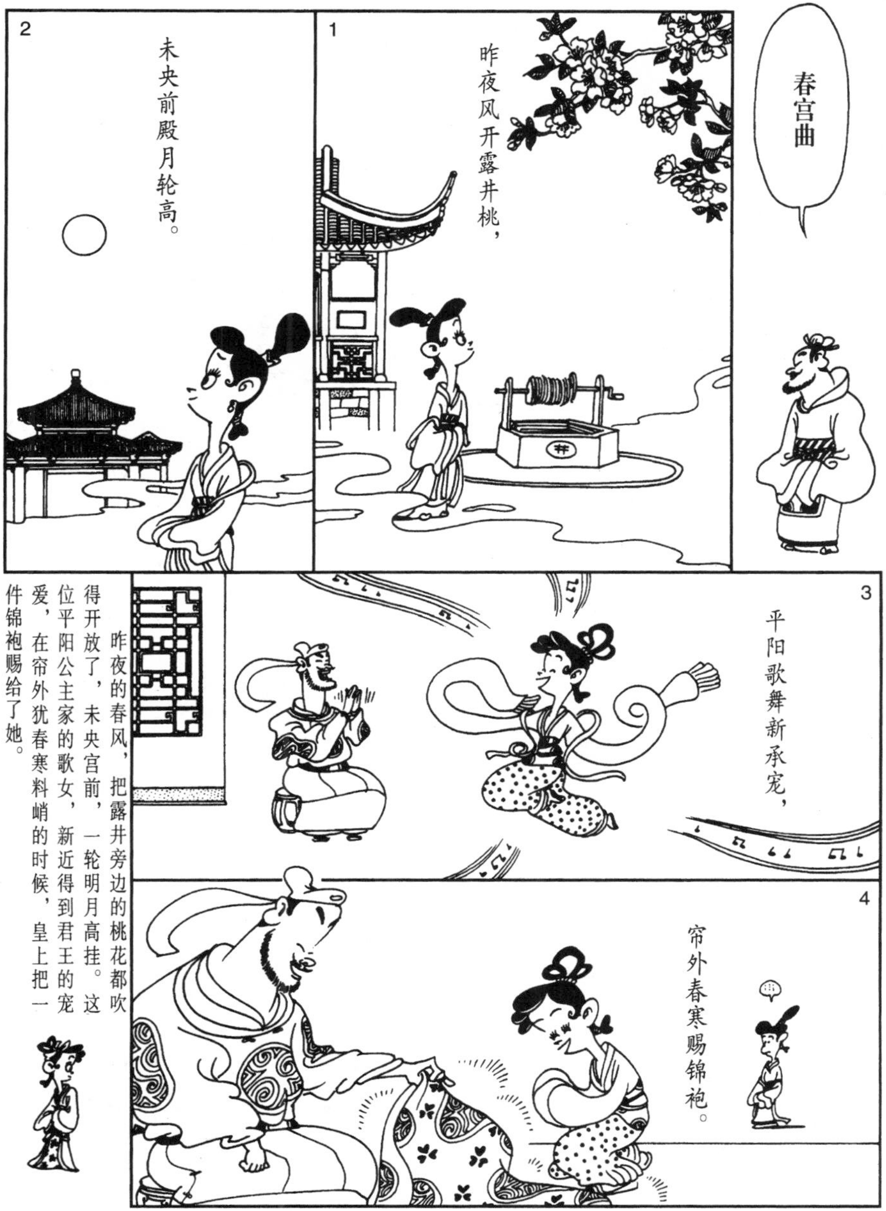
春宫曲
1
昨夜风开露井桃，
2
未央前殿月轮高。
3
平阳歌舞新承宠，
4
帘外春寒赐锦袍。
昨夜的春风，把露井旁边的桃花都吹得开放了，未央宫前，一轮明月高挂。这位平阳公主家的歌女，新近得到君王的宠爱，在帘外犹春寒料峭的时候，皇上把一件锦袍赐给了她。

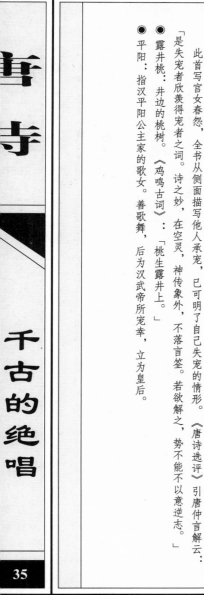

出塞曲，是属于鼓吹曲辞，古时军中所用的乐歌。《西京杂记》：「戚夫人善歌出塞、入塞、望归之曲。」唐代又有塞上、塞下曲，都是咏边塞的乐府诗。

◉但使龙城飞将在：龙城，在今漠北塔果尔河地方。《汉书·匈奴传》：「五月，大会龙城。」飞将，汉朝防守边塞的将军李广，匈奴称他为汉之「飞将军」。

◉阴山：在今内蒙古北部。

明月依然是秦朝时候的明月，这关塞仍然是汉朝的雁门关；而长征万里以外的兵士，到现在却不见回来。假使戍守龙城的飞将军李广还在的话，他一定不会让胡人的兵马渡过阴山来的。

唐开元、天宝时期是我们历史上文化发展到极盛的时期，诗歌也一时鼎盛。而王维正是盛唐诗人的代表，由于他擅长音乐，他的诗在当时往往被谱入音乐，成为当时人人传诵的乐章。

他不但诗写得好，水墨画更是笔意清润，灵秀飘逸，号称「泼墨山水」，开浪漫派画风，为南宗画派的始祖。

晚年更潜心参佛行善，追求无生，世称他为「诗佛」。

王维

七〇一—七六一

1
归嵩山作
清川带长薄，
车马去闲闲。
2
流水如有意，
暮禽相与还。
3
荒城临古渡，
落日满秋山。

4
迢递嵩高下，
归来且闭关。

清澈的川水绕着长长一带的丛林，我安闲自在地坐着马车回去。看那流水，好像懂得我的意思，傍晚时候的飞鸟也跟着我一同归来。远处荒凉的城头濒临着古老的渡头，落日照满了一山的秋色。我从遥远的地方回到了嵩山下，就此在家中闭门隐居。

这是一首写山景的诗。诗中洋溢着诗人由于暂时摆脱俗务，返归嵩山的喜悦，同时也流露了惆怅、失意、无可奈何的情绪。

◉薄：即林薄，草木丛生叫薄。

◉闲闲：怡然自得貌。

◉嵩高：即嵩山，在河南省登封县北。

这首诗描写山中春夜，意境清远，用语凝炼。

◉桂花：月亮的光华。古代神话中说，月亮中有桂树，所以桂往往被用来作为月的代称。

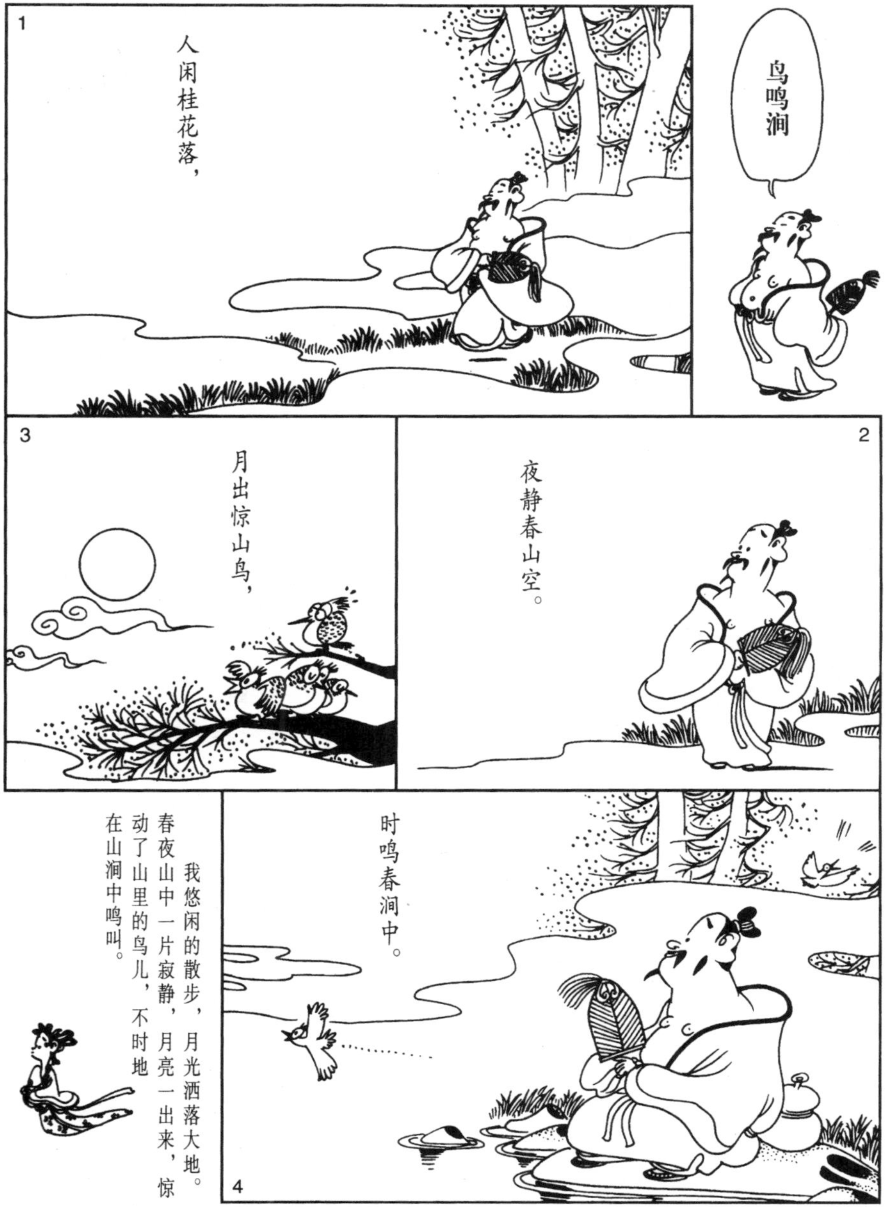
鸟鸣涧
1
人闲桂花落，
2
夜静春山空。
3
月出惊山鸟，
4
时鸣春涧中。
我悠闲的散步，月光洒落大地。春夜山中一片寂静，月亮一出来，惊动了山里的鸟儿，不时地在山涧中鸣叫。

奕家濑
1
飒飒秋雨中，
2
浅浅石溜泻。
3
跳波自相溅，

4
白鹭惊复下。

秋雨飒飒作响，下个不停，溪水急急地流过石面，跃起的水波互相激溅着，连白鹭鸶也被惊扰得不断地飞上又飞下。

此首乃是选自王维的田园组诗《辋川集》。是描写他的故乡庄园辋川别墅的自然风光。

◉濑：浅水从沙石上急速流过的地方。

◉飒飒：雨声。

◉浅浅：形容水流很急的样子。

◉石溜：石上的急流。

过香积寺
不知香积寺，数里入云峰。
古木无人径，深山何处钟？
泉声咽危石，日色冷青松。

薄暮空潭曲，安禅制毒龙。

不知香积寺在哪里，走了好几里路，都是云气弥漫的山峰。古木参天，连一条小路都没有，在这深山里，是哪儿传来的钟声呢？只见泉水流过乱石，发出呜咽的声响，日光落在青松上，有着一股寒意。黄昏时，在这曲折空寂的清潭处，使我身心宴然入定，而忘却了一切杂念。

◉过：经过。

◉香积寺：古寺名，在长安县神禾原上。

◉危石：危指高，高峻的石头。

◉空潭曲：在这空灵曲折的清潭深处。

◉安禅：身心安然，入于禅定的境界。

◉制毒龙：《涅槃经》有「但我住处，有一毒龙，其性暴急，恐相危害。」此处将毒龙比作安心、杂念。

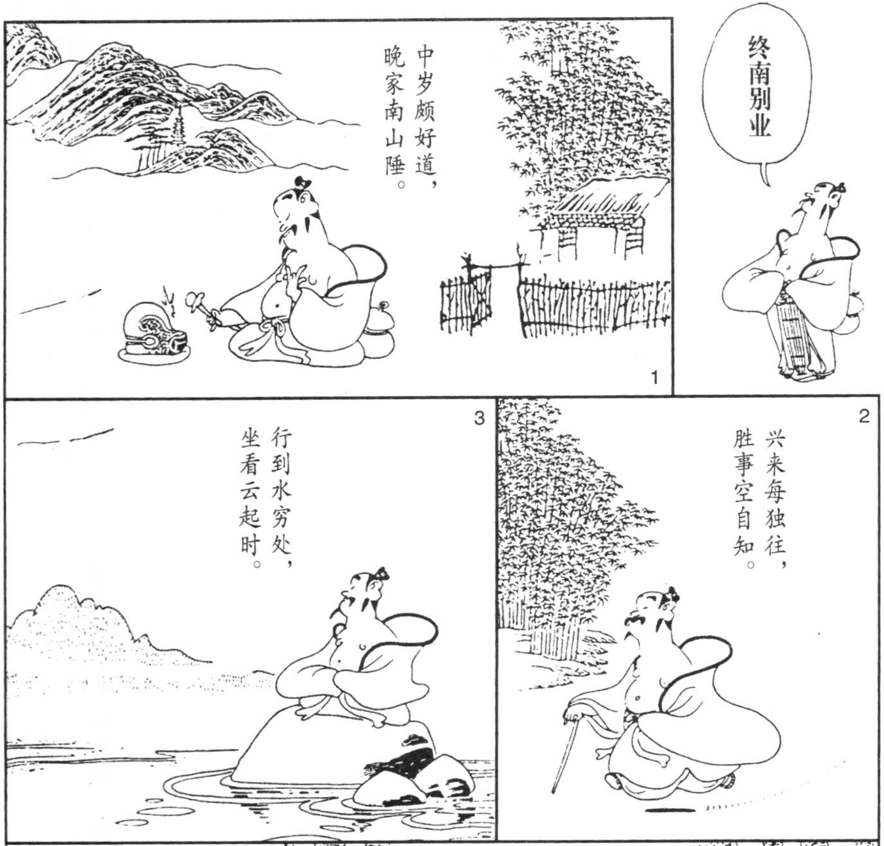
终南别业
中岁颇好道，晚家南山陲。
1
兴来每独往，胜事空自知。
2
行到水穷处，坐看云起时。
3

偶然值林叟，谈笑无还期。
4

中年以后，我颇喜爱佛理，晚年便隐居在终南山的边上，兴致来时，就独来独往，个中的快意，只有自己才能知道。

我走到水源的尽头，坐下来，看云雾升起。偶然也会碰到住在山林中的老头儿，谈得开心起来，便忘了回家。

- 终南别业：终南山又名南山、中南山、太乙山等，主峰在长安县南。别业即别墅。王维的别墅在辋川，即终南山边。本诗为王维晚年的作品。
- 中岁颇好道：中岁指中年。王维中年以后长斋敬佛，因此自谓颇好道。
- 晚家南山陲：家指定居。晚年时定居在终南山边。
- 胜事：美好的事物。
- 水穷处：水尽处，即水源地。
- 值邻叟：值，遇。遇见邻近的老人。
- 无还期：不知是该回去的时候；形容相谈融洽，乐而忘返。

辋川闲居
赠裴秀才迪
寒山转苍翠，
秋水日潺湲。
倚杖柴门外，
临风听暮蝉。
嗄嗄
渡头余落日，
墟里上孤烟。

复值接舆醉，
狂歌五柳前。

寒山变成了一片墨绿，潺湲的秋水缓缓地流。我拄着拐杖，站在柴门外，迎着晚风，听暮蝉嘶叫。在渡头的地方，留有落日的余晖，村舍里，不时升起缕缕的炊烟。偶尔碰到你像接舆似的喝醉了酒，就在我家门前慷慨地高歌起来。

◎辋川：水名，在今陕西蓝田县西南二十里，附近村庄相连，桑麻肥饶。王维晚年有别墅在辋川口。

◎裴秀才迪：裴迪，关中人，初与王维、崔兴宗居终南山，同唱和。天宝后为蜀州刺史，曾为尚书郎。裴迪曾应秀才考试及格，故称裴秀才迪。

◎潺湲：水流貌。

◎墟里：村落。

◎接舆：楚人陆通，字接舆，好养性，躬耕以为食。楚昭王时，陆通见楚政无常，便装疯卖傻，不出任仕途。时人称之为楚狂。此处用接舆比喻裴迪。

◎五柳：陶渊明自称门前种五柳树，此处指王维所居。

这首诗是王维十七岁，离乡背井，独自在外时作的。

◉山东：指殽山以东，正是王维的家乡太原。

◉登高：农历九月初九为重阳节。旧俗以为是日登高饮酒，佩带茱萸，可避灾厄。

◉茱萸：植物名。据说汉朝的桓景公跟随道士费长房游学数年，一天费长房告诉他：「九月九日你家会有灾难，赶快叫家人做茱萸香包，系在手臂上，然后去登山，饮菊花酒，就可以消灾。」桓景照着做了，当晚由山上回家时，发现鸡犬牛羊全都暴死。此后这个习俗便流传下来。

九月九日
忆山东兄弟
1
独在异乡为异客，
2
每逢佳节倍思亲。
3
遥知兄弟登高处，

4
遍插茱萸少一人。
可惜王维不在这里啊……

独个儿在他乡作客，每逢良辰佳节，就更加思念起亲人来了。想望着遥远的家乡，兄弟们正在重九登高，折下茱萸插在头上，但却少了我一人了。

● 少年行：乐府篇名，游侠三十一曲之一。

● 新丰美酒：新丰故城在今陕西临潼县东。庾信《春赋》有「入新丰而酒美」之句，盖新丰地产美酒早已闻名。

● 斗十千：斗是容量单位，十千为酒价。

● 咸阳：古县名，在陕西省西安市西北。

● 意气：意气相投。

少年行
1
新丰美酒斗十千，
2
咸阳游侠多少年；
3
相逢意气为君饮，
4
系马高楼垂柳边。
新丰的美酒一斗值万钱，咸阳的游侠多么年少英俊！彼此相逢又复义气相投，且举杯畅饮吧！把马儿系在酒家旁的柳树下，且别管它。

1
荆溪白石出，
山中
2
天寒红叶稀；
3
山路元无雨，

4
空翠湿人衣。

荆溪水浅，白石露出水面，寒冬时分，枫叶飘落片片。山上本来没有雨，但山气蒸腾，把衣服也沾湿了。

◉荆溪：溪名，在四川省东南部。王维曾于三十三岁时游历巴蜀各地。

◉元：原。

◉空翠：翠指山中的雾色青翠。空翠句指翠绿的山气蒸腾，把衣服也沾湿了。

◉渭城：地名，在陕西长安县东。
◉浥：湿润。
◉客舍：旅舍。
◉阳关：关名，在今甘肃敦煌县西南，位于玉门关南，因称阳关。

渭城曲
1
渭城朝雨浥轻尘，
2
客舍青青柳色新。
3
劝君更尽一杯酒，

4
西出阳关无故人。

早上渭城下了一阵雨，润湿了路上轻扬的沙尘，旅舍外草木青青，柳色也焕然一新。

在这儿为您饯行，请再干一杯酒吧！因为您向西出了阳关就没有老朋友了。

◉桂魄：指月亮。

◉更衣：更换衣服。

◉银筝：乐器，用银装饰的古筝。

◉弄：指弹奏。

◉怯：害怕。

秋夜曲
1
桂魄初生秋露微，
2
轻罗已薄未更衣。
3
银筝夜久殷勤弄，

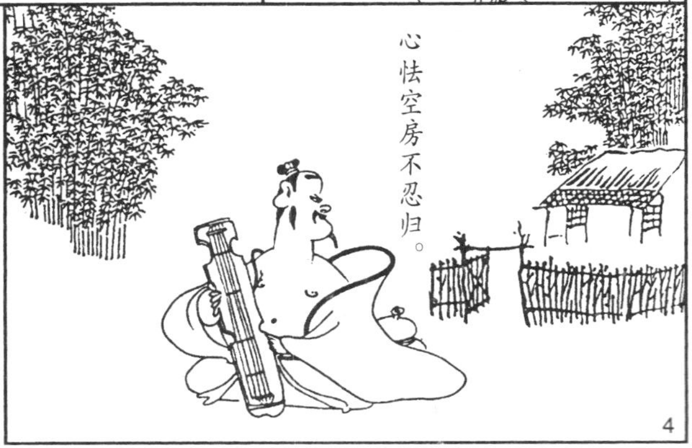
心怯空房不忍归。
4

月亮刚升起，秋夜的露水还很稀，我穿着罗衣已感到单薄，但还没更换呢！

在夜里，我殷勤地拨弄着银筝，已弹了好久，但心里害怕空房，所以才迟迟不忍回房去。

◉红豆：别名相思子。相传某人殁于岭南边城，其妻思念甚切，泣于红豆树下而卒，故红豆又称相思子。

◉南国：指南方。

◉采撷：采摘。

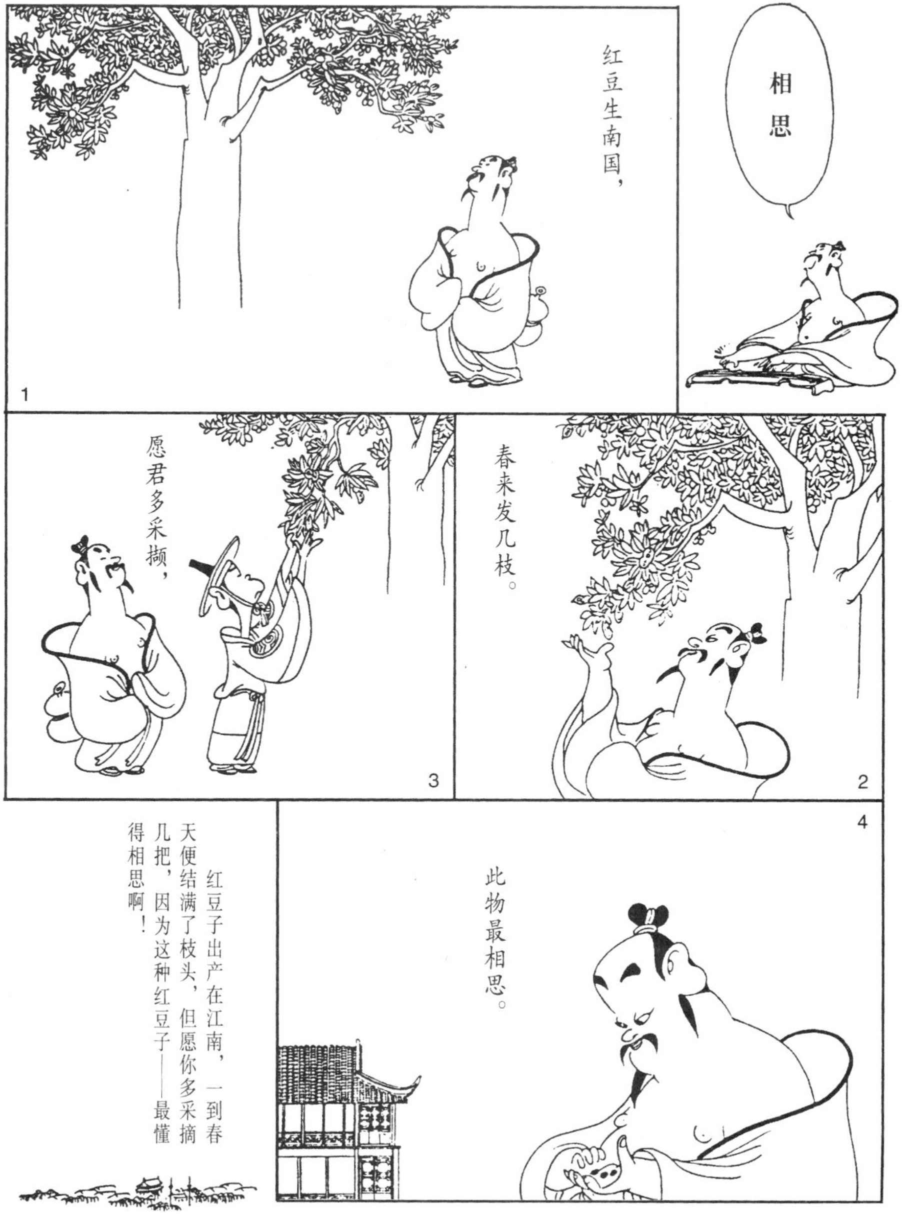
相思
红豆生南国，
1
春来发几枝。
2
愿君多采撷，
3
4
此物最相思。
红豆子出产在江南，一到春天便结满了枝头，但愿你多采摘几把，因为这种红豆子——最懂得相思啊！

杂诗
君自故乡来，
应知故乡事。
来日绮窗前，
寒梅着花未？
你来自故乡，应知道故乡的一切。不知道你动身前来的时候，我家窗前的那株梅花可曾开花了吗？

◉绮窗：糊以素花细绫之窗。或谓雕木花格之窗。

◉着花：开花。

李白是唐朝人，生于武后长安元年，死于肃宗宝庆元年，享年六十二岁。相传李白的母亲因长庚入梦而生他。他是西汉李广的后代，先世居陇西，后居四川广汉。

李白，集神仙、剑术、游侠、酒客、诗人多种性情于一身，他才华横溢、狂放不群、博学洒逸，是唐代诗人中最灿丽的一颗明星，后世人尊称他为「诗仙」，著有《李太白集》。

李白

七〇一—七六二

李白有热烈的感情，远大的理想，但在封建社会中，常被排挤，受打击。因而，他悲叹生命的无常，发出万古愁的感慨。他对封建社会的不满，有时就借喝酒来尽情发泄。

将进酒，为汉铙歌十八曲之一。《乐府诗集》：「古词曰：『将进酒，乘大白。』大略以饮酒放歌为言。」李白的这首诗，也是描写喝酒放歌的豪情；同时，是一首脍炙人口的诗。

◉高堂：指父母长辈。

◉金樽：珍贵、华丽的酒杯。

1
将进酒
君不见
黄河之水天上来，
奔流到海不复回？
2
君不见
高堂明镜悲白发，
朝如青丝暮成雪？
3
人生得意须尽欢，
莫使金樽空对月。
4
天生我材
必有用，
千金散尽
还复来。

◉会须一饮三百杯：汉末袁绍为郑玄送行，务必让玄喝醉，参与宴会者三百余人，都离席敬酒。自朝至暮，估计郑玄共饮了三百多杯，而温文自持，不改常态。见《世说新语》。

◉岑夫子：即岑征君，李白的朋友。

◉丹丘生：即元丹丘，李白的平辈朋友，称其生。

◉钟鼓：古时大宴会时所奏的音乐。

◉陈王昔时宴平乐：陈王，即曹植，于魏明帝太和六年（二三二）封陈王。所作《名都篇》云：「归来宴平乐，美酒斗十千。」平乐，观名，在今河南洛阳附近。

◉五花马：指五色花纹的好马。杜甫《高都护骢马行》：「五花散作云满身。」

◉千金裘：《史记·孟尝君传》：「孟尝君有一狐白裘，直千金，天下无双。」

10
陈王昔时宴平乐，
斗酒十千恣欢谑。

11
主人何为
言少钱？
径须沽取
对君酌。

12
五花马、千金裘。
呼儿将出换美酒，
与尔同销万古愁。

你没看见，黄河的水从高高的天边流来，奔流到海后，就不再回头吗？你没看见，上一辈的人因从镜中看到白发而悲伤，早上还是满头青丝，到晚上便变成了雪白吗？人生得意的时候就应该尽情欢乐，别对着月夜美景，让酒杯空着。天生下我这样的材质，一定有作用的，即使把所有的钱花光了，最后还不是可以赚回来？烹羊屠牛尽情地去欢乐吧，一有机会喝酒就应该喝它三百杯。

岑夫子，丹丘兄，尽量喝吧，别将杯子停下来。我为你们唱一首歌，请诸位侧耳听听我的歌声：那种盛大宴会的音乐佳肴倒没有什么了不起，但愿长醉不要醒。自古以来，伟大的人物死后都不被人记起，只有饮酒的人才会千载留名的。就以陈思王为例吧，他在平乐寺里宴客，虽然一杯酒值得上十千钱，但他们都任意地欢笑戏谑。我身为主人的又何必说没有钱呢？要不迟疑地打了酒来跟你们对喝。五花的马儿，千金的狐裘，叫我的儿子拿去换取美酒来，跟你们一起消除这无穷无尽的忧愁。

日本人晁衡，是李白的友好。天宝十二年（七五三）误传他回国时途中遇海难。李白一听到讹传，心中极为悲痛，立即写下此诗悼念友人。

◉晁卿：晁衡，日本人，原名阿倍仲麻吕。公元七一七年来中国，曾在唐朝做过官。工诗文，与王维、李白等友善，大历五年卒于长安。

◉帝都：唐朝都城长安（今陕西省西安市）。

◉明月：指晁衡，作者认为晁的品格有如明月般。

哭晁卿衡
日本晁卿辞帝都，
1
2
征帆一片绕蓬壶。
3
明月不归沉碧海，

4
白云愁色满苍梧。

好友晁衡辞别长安要回到日本，远航的船经过了蓬莱仙山。他的品格有如明月一般高洁，但却葬身碧海。苍梧山上布满了愁云，大自然也为晁衡的不幸感到哀伤。

庐山，在今江西省九江市南。此首诗是用夸张的比喻法来勾画瀑布的壮观。

◉香炉：即香炉峰，在庐山北部。

◉生紫烟：峰上的云气，在日光照射下，有如香炉中散发的紫烟，袅袅上升。

◉挂前川：从峰顶直挂到山前的水面。

望庐山瀑布
1
日照香炉生紫烟，
2
遥看瀑布挂前川。
3
飞流直下三千尺，

4
疑是银河落九天。

香炉峰上的云气，受到日光映射成紫色的云烟，遥望瀑布从峰顶直挂到山前的水面。三千尺高的水面，看起来像似从九霄直落下来的银河一样。

秋浦歌一组共十七首，是用民歌的手法描写秋浦风土，偶尔也透露出蕴藏在内心深处的思想感情。

◉白发三千丈：夸张之句，与杜甫「新松恨不高千尺」同一手法。

◉秋霜：指头发如秋霜一般白。

秋浦歌
1
白发三千丈，
2
缘愁似个长。
3
不知明镜里，

4
何处得秋霜？

头上白发三千丈，心中的愁肠也像白发一样长。照着镜子，不明白头发何时变得像秋霜一样白？

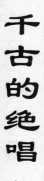

筑在山顶上的寺庙高耸入云，几乎是一伸手就可摘到星辰。住在这里，不敢高声讲话，怕惊吓到天上的神仙……

这首诗虽然只是写山寺，却给人留下了充分的想像空间。

◉危楼：指建筑在山顶的寺庙。

《子夜春歌》是李白所写的《子夜吴歌》四首中的一首。根据《宋书》的记载，《子夜歌》是晋朝吴越地方的一名女子「子夜」创作的曲调，因此称作《子夜歌》。原本的曲调哀怨，后人填入四时行乐的词句，而成为吴越间通行的《子夜四时歌》。

◉罗敷女：典故出自乐府《相和歌十五曲》之一的《陌上桑》。相传邯郸有一名女子秦罗敷，是邑人千乘王仁的妻子。王仁后来担任赵王的家令。一天罗敷到田间采桑，被赵王碰见，邀她饮酒想横刀夺爱。善于音律的罗敷便作了一首《陌上桑》，表示自己不愿顺从的心意。

子夜春歌
秦地罗敷女，采桑绿水边；
素手青条上，红妆白日鲜。
蚕饥妾欲去，五马莫留连。
漂亮的小姑娘啊，你等等……
抱歉，拜拜！
陕西有个年轻女子在绿水边采桑，她雪白的手映衬在春嫩的枝条上，穿一身红艳的衣裳，与白日争辉。现在蚕儿饥饿了，我要快点回去喂它们，太守啊！请你不必再驾着车儿徘徊了。

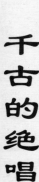

子夜夏歌
镜湖三百里，
菡萏发荷花；
五月西施采，
人看隘若耶。
看啊！她就是西施啊！
挤不过去了！
回舟不待月，
归去越王家。
镜湖周围三百多方里，菡萏慢慢地开放变成荷花。五月里，西施到湖边来采莲，人们争看西施，把若耶溪畔都阻塞了。啊！你不必辛苦采莲，等到月亮出来才回船呀，因为你的美貌就要被选入越王的宫殿啊！

◉镜湖：汉顺帝永和五年，马臻担任会稽太守时建造。在会稽山阴两县界，筑塘蓄水，水高丈余。镜湖四周的田比海面高丈余，干旱的时候泄湖灌田，雨水多的时候则闭湖泄田中水入海，所以当地民生富裕无凶年。镜湖周围共三百一十里，灌溉农田九千余顷。

◉菡萏：尚未盛开的荷花。

◉隘：音 ài，阻塞。

◉若耶：若耶溪在会稽县（今绍兴县）东南二十五里，北流与镜湖合，是西施采莲之所。

◉捣衣：洗衣，引申为征衣。

◉玉关：玉门关，在今甘肃敦煌县西一百五十里阳关之西北，为汉时霍去病赶走月支人时所开。

◉良人：古代妻子对丈夫的称呼。

子夜秋歌
长安一片月，万户捣衣声；
秋风吹不尽，
总是玉关情。
何日平胡虏？良人罢远征。
在长安的月光下，家家户户的妇女们捣洗着衣服。秋风吹不散妇女们的秋思，因为她们悬念远在玉门关外打战的丈夫。唉！哪一天才可以结束战争，丈夫们不再出去远征呢？

子夜冬歌
1
明朝驿使发，
驿车明天早上出发。
2
一夜絮征袍；
3
素手抽针冷，
4
那堪把剪刀！
5
裁缝寄远道，几日到临洮？

明早驿车就要出发了，今晚我一夜赶制征袍；双手冻得连抽针都不方便，更不用说拿起剪刀了！我把它缝好寄出去，不知到何时才能送到临洮你的手中呢？

◉驿使：古代以驿马通信，因此称送信的人为驿使。

◉絮征袍：絮作动词用，将棉絮塞入征战用的衣服中。

◉把：把玩，使用。

◉临洮：今甘肃临潭县，唐时为郡，与土番相近，右为西羌之地。

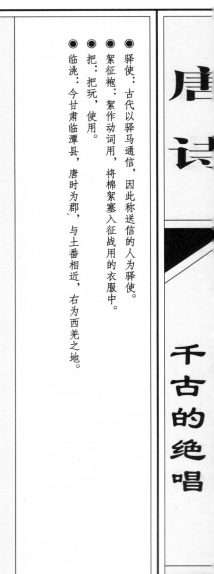

◉相亲：互相亲近的人。良辰美景，饮酒花间是人生一大乐事，李白却只能对酒独酌，把杯望月，景况凄凉。

◉对影成三人：指自己、影子及月亮，其实仍只有一人。此处写得极热闹，反衬出加倍的寂寞。

◉月将影：月和影。

◉行乐须及春：及春指及时。本句意味着人生如梦，须把握瞬间的快乐。

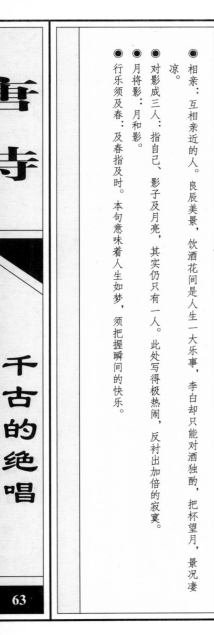

我歌月徘徊，
我舞影零乱；
醒时同交欢，
醉后各分散。
永结无情游，
相期邈云汉。

我在花间一个人独斟独饮着一壶酒，没有人与我共饮；我举起酒杯来邀请天上的明月、和月光映出来的自己的影子，仿佛三个伙伴共聚一堂。但是月亮既不懂喝酒的情趣，影子又只是空虚地跟随在我的身旁；不过在这无可奈何的境地里，只得把月亮和影子当作伴侣。因为人应当趁着良辰美景及时行乐。我唱歌的时候，月亮好像延伫不前的样子，当我舞蹈的时候，自己的影子便动摇不定，零零乱乱；清醒时，我和它们共同欢乐；醉后，我便和它们各自分散。我愿跟它们永远结为忘情的好友，大家相期在高渺的云河间相会。

◉醒时同交欢，醉后各分散：以与月同欢的凄凉点出李白的心境。当时他只有在喝醉时才有同伴，清醒后便各自分散，可说在世上一无知己。

◉相期邈云汉：互相约定在渺邈的云河间相会。表达出李白求仙的想法，意即成为神仙，在天上遨游。

●《关山月》：乐府《鼓角横吹十五曲》之一，感伤离别的曲调。

●天山：即祁连山。匈奴谓天为祁连。

●汉下白登道：白登，山名，在山西大同县城东，汉高祖为匈奴冒顿围困于此。

●胡窥青海湾：青海，湖名，在今青海东北方。唐哥舒翰筑城于此，后为吐蕃所破。

●戍客：流荡在外，不得归家的战士。

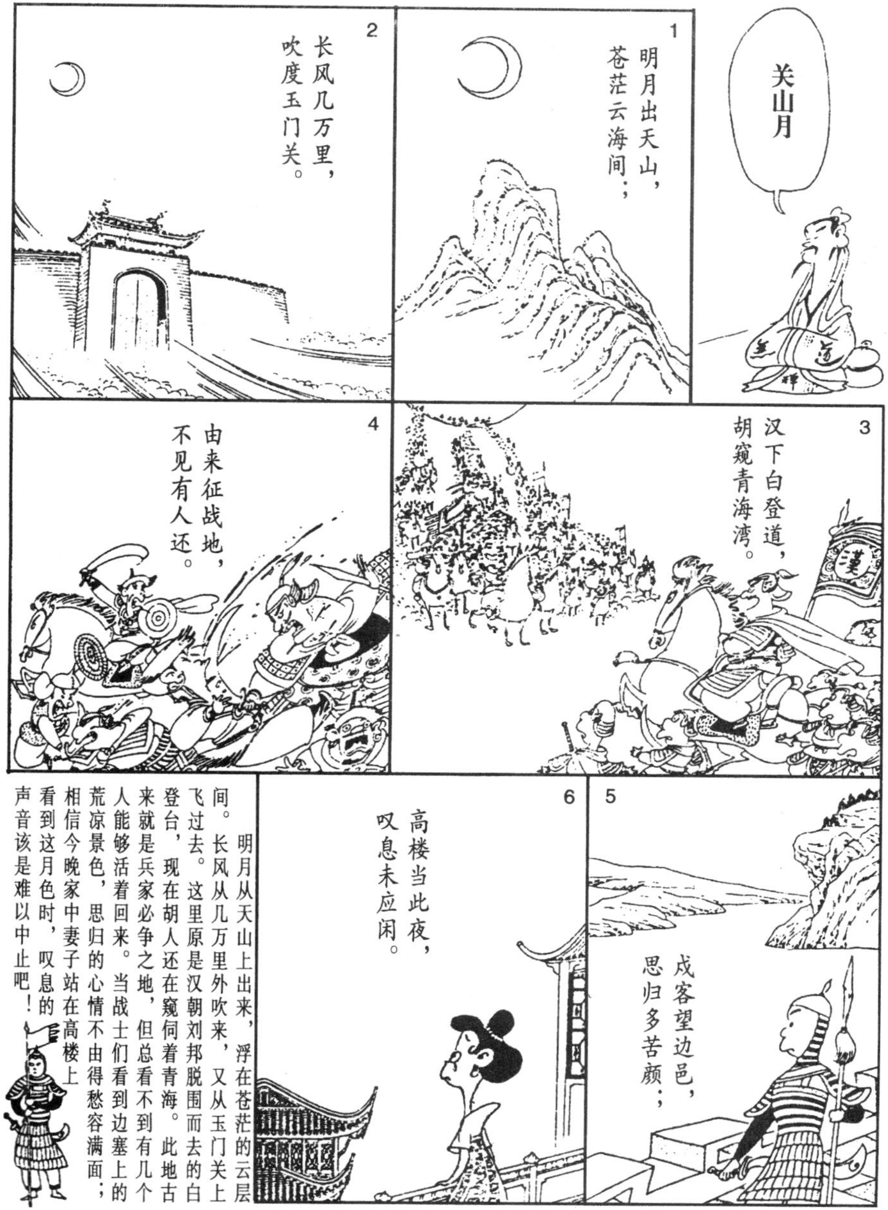
关山月
1
明月出天山，苍茫云海间；
2
长风几万里，吹度玉门关。
3
汉下白登道，胡窥青海湾。
4
由来征战地，不见有人还。
5
戍客望边邑，思归多苦颜；
6
高楼当此夜，叹息未应闲。
明月从天山上出来，浮在苍茫的云层间。长风从几万里外吹来，又从玉门关上飞过去。这里原是汉朝刘邦脱围而去的白登台，现在胡人还在窥伺着青海。此地古来就是兵家必争之地，但总看不到有几个人能够活着回来。当战士们看到边塞上的荒凉景色，思归的心情不由得愁容满面；相信今晚家中妻子站在高楼上看到这月色时，叹息的声音该是难以中止吧！

《静夜思》可说是李白最有名的一首诗，浅白几句却写尽了客中秋夜之凄凉。午夜梦回残月在，错认是天明，因此把照在床前的月光当作早晨的霜气。举头望明月一句，或作举头望山月，此山指李白故乡最美的风景——峨眉山，在外作客的旅人哪堪面对同样照在故乡山头的明月呀！

这首诗是李白失意长安之后所作，对历史的反省与个人悲剧的省思，使这首诗获得了永恒的生命。

◉金陵：古邑名，在今江苏南京市清凉山。

◉凤凰台：在今江苏南京市凤凰山，相传南宋年间，这儿飞来过三只五色鸟，状如孔雀，时人以为凤凰。

◉吴宫花草埋幽径，晋代衣冠成古丘：吴宫指孙权建都时所造宫室。三国时代，吴在黄龙元年自武昌迁都于南京，晋南渡后也在南京建都。诗中指出三国、东晋在这里兴建的宫阙楼台已没入闲花野草中，当时的衣冠人物也全都化为荒冢古丘，比喻荣华富贵之不可恃。

◉三山：在南京市西南，积石耸峙长江之滨，三峰并列，南北相连，故称作三山。

登金陵凤凰台
1
凤凰台上凤凰游，
2
凤去台空江自流。
3
吴宫花草埋幽径，
4
晋代衣冠成古丘。
5
三山半落青天外，

6
二水中分白鹭洲。

7
总为浮云能蔽日，

8
长安不见使人愁。

凤凰台上曾经有凤凰来翔集过，如今凤凰飞走了，剩下这座空台，只有长江仍在滚滚的东流。吴宫中的花草都已埋没在荒幽的小径里，东晋时的一些显贵，而今也变成了累累的荒坟。三座山峰依然耸立在青天外，白鹭洲横在长江的中心，江水被分割成两道水流。太阳总是容易被浮云所遮盖，我看不见长安，不禁使我发愁啊！

◉二水中分白鹭洲：白鹭洲在南京市西南江中，江水到此一分为二，过了之后又合而为一。

◉浮云能蔽日：指奸臣蔽贤者，如浮云遮住日光。

◉长安不见使人愁：指皇帝昏庸无德，奸人当道，表示李白对时局的操心。

清平调之一
云想衣裳花想容，
春风拂槛露华浓；
若非群玉山头见，

会向瑶台月下逢。

看到了云，就想起了她的衣裳，看到了花，就想起了她的容貌，当春风吹拂着窗棂、露水正浓的时候。假若不是在群玉山头会见过她，那便是在瑶台月下相逢过。

这首诗是李白为唐玄宗所创作的新曲。开元年间，宫中种的牡丹开了红、白、紫等数种花朵，皇上把这些花移植到兴庆池东的沉香亭前，准备了一场夜宴，让贵妃欢娱一番。梨园子弟集合后，由最出名的李龟年准备好乐曲，要在皇帝面前表演。唐玄宗却说：「赏名花，对妃子，焉用旧乐词为？」于是命李龟年召来李白，命他立即交出《清平乐》词三章。

◉《清平调》：周朝遗留下平调、清调、瑟调，汉代称三调。

◉春风拂槛露华浓：槛指窗棂、栏杆。露华浓，指美丽的雾气又厚又浓。

◉群玉山：指西王母所居之地。山头为玉所成。

◉瑶台：亦指西王母之宫。瑶台指玉饰华美之台。

清平调之二
1
一支红艳露凝香，
2
云雨巫山枉断肠。
3
借问汉宫谁得似？

4
可怜飞燕倚新妆。

一枝红艳的花儿，沾湿了露水，仿佛香气凝结在上面而楚襄王梦见巫山神女和他欢合，只见个虚妄的故事，徒然使人感伤罢了。请问汉宫里，有谁能够和她相像呢？只有可爱的赵飞燕，当她刚化好妆，勉强可以跟她一比吧！

◉云雨巫山：典故出自宋玉《高唐赋》：「昔者先王尝游高唐，怠而昼寝，梦见一妇人曰：『妾巫山之女也，为高唐之客。闻君游高唐，愿荐枕席。』王因幸之。去而辞曰：『妾在巫山之阳，高邱之阻，朝为行云，暮为行雨。』」

◉可怜飞燕倚新妆：怜即爱。飞燕即赵飞燕，汉成帝宫人，因体轻号飞燕，后立为后。倚：靠。本句指只有可爱的赵飞燕靠着刚刚化好妆，才能勉强和她比一比吧！

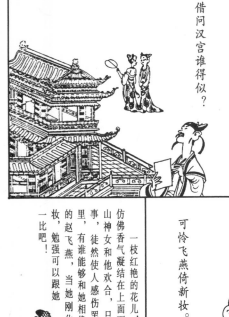

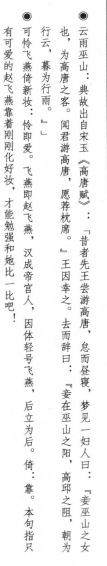

刘长卿，字文房，河间人。

唐玄宗开元二十一年（七三三）进士。肃宗至德年间曾任监察御史，为吴仲孺所诬害，下苏州狱，贬潘州南邑尉。后有人为他辩白，遂移睦州司马，终随州刺史，世称刘随州。著有《刘随州集》。

长于五言近体诗，其诗以平实的造境和严正的构思取胜，着重诗律的寻求，文字的推敲，这也是中唐诗风的特色，为「大历十才子」之首。

刘长卿

七〇九—七八〇

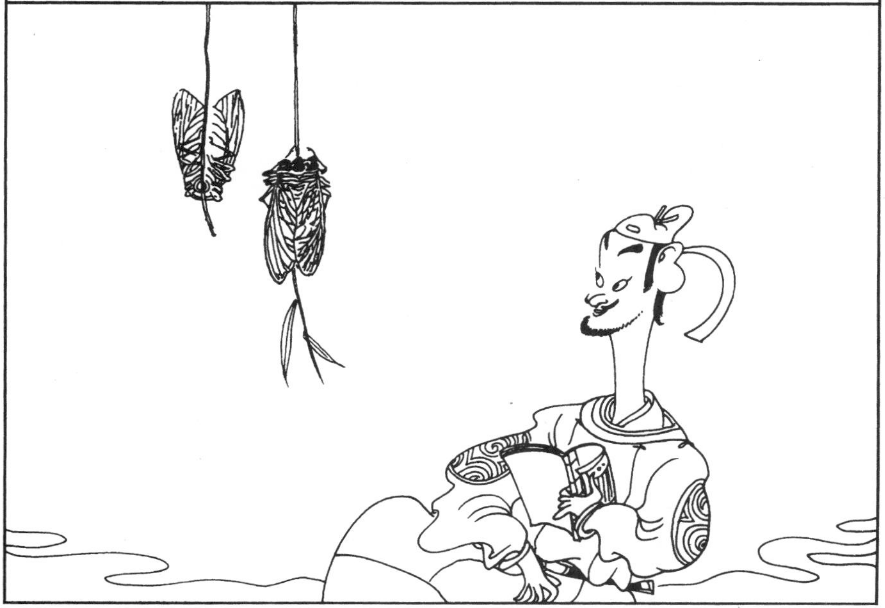

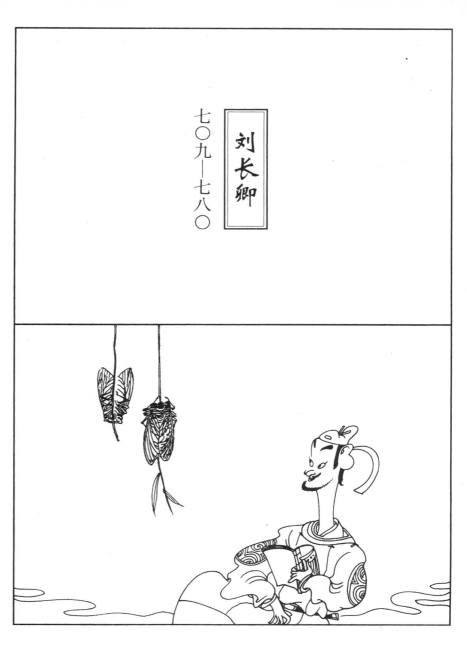

这是一首送别的诗。刘长卿送李中丞回汉阳的家。李中丞本是征南将军，如今年老，解甲归乡，一生为戎事，故无复旧时业。

中丞，官名，为佐御史大夫。

◉三边静：一作「三朝识」，言边境平静。

◉江汉：《全唐诗》作「汉江」，指长江与汉水交汇处，即汉阳。

送李中丞归汉阳别业
1
流落征南将，曾驱十万师。
2
罢归无旧业，老去恋明时。
3
独立三边静，轻生一剑知。

4
茫茫江汉上，日暮复何之。

你这位征南将军，当年曾经带领过十万大军，如今罢官回乡，却无家产可守，到了年老时，还留恋着圣明时代。当年叱咤风云，只要你在，边关就很安静，你舍身为国的情怀只有你手中的宝剑才知道。如今在这茫茫无尽的江汉上，薄暮时分，不知要到什么地方去呢？

这是一首饯别送行的诗。

王十一，生平不详。十一，是行辈的称呼。

清吴乔《围炉诗话》：「隋州五言律诗，始收敛气力，归于自然，首尾一气，宛如面语。」

◉五湖：太湖的别称。湖跨江浙两省，面积约三万六千顷。

◉白蘋：水中浮草。《尔雅》翼释草：「蘋似槐叶而连生浅水中，五月有华，白色，故谓之白蘋。」

你要到南方去了，我在这边想望你时，只能看见宽广而弥漫着烟雾的江水。在此挥手分别，泪水沾湿了我的罗巾。天空的飞鸟不知飞到了什么地方，只留下青山空对着我。远处只见一条孤帆随着长江奔流远去，傍晚的落日映照在太湖泛出一片春意，还有谁看见我站在汀洲上，对着白蘋独自发愁呢？

这是一首写「意境」的诗。作者因寻人不遇，于是将一路所见之景物，全盘托出。主旨是「溪花与禅意」，诗题或作《寻南溪常道士》。

◉莓苔：青苔。

◉屐痕：一作「履痕」，即脚印。

◉忘言：意趣超出言语之外。

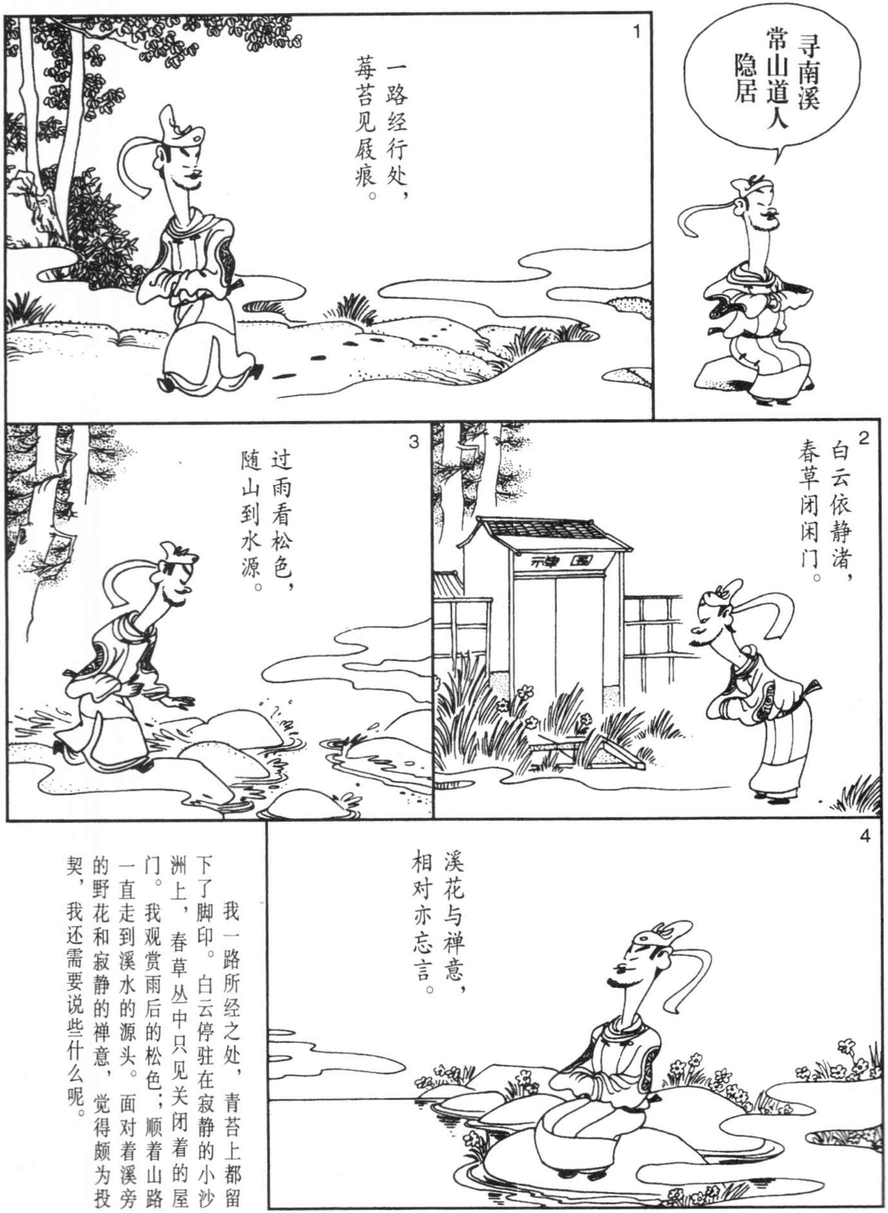
寻南溪常山道人隐居
1
一路经行处，莓苔见屐痕。
2
白云依静渚，春草闲闲门。
3
过雨看松色，随山到水源。
4
溪花与禅意，相对亦忘言。

我一路所经之处，青苔上都留下了脚印。白云停驻在寂静的小沙洲上，春草丛中只见关闭着的屋门。我观赏雨后的松色；顺着山路一直走到溪水的源头。面对着溪旁的野花和寂静的禅意，觉得颇为投契，我还需要说些什么呢。

你被贬居在这个地方已有三年，自古以来，这里就留着屈原被放逐的悲伤。游人归去后，我独自在这秋草中追寻徘徊；寒冷的树林里，只有斜阳向西落去。汉文帝虽是个英明的君王，但他对待你未免恩情太薄。湘水无情，你在此凭吊屈原，他又怎能知道呢？我在这寂静零落的山川之间，不禁可怜你为什么要来到这么远的地方呢？

唐代长沙，仍留有贾谊旧址，刘长卿过此，感念自己的身世，与其相似，因而作此诗。

贾谊，汉人，初为大中大夫，文帝时被贬为长沙王，居宅在长沙城中濯锦坊三年。

◉栖迟：即游息。有诗：「衡门之下，可以栖迟。」

◉汉文有道恩犹薄：《史记·屈贾列传》：「孝文帝初即位，谦让未遑也。诸律令所更定，及列侯悉就国，其说皆自贾生发之。于是天子议以为贾生任公卿之位。绛、灌、东阳侯、冯敬之属尽害之，乃短贾生曰：『雒阳之人，年少初学，专欲擅权，纷乱诸事。』于是天子后亦疏之。」

刘长卿为送别灵澈和尚所作的诗。因为所送的对象为和尚，作者便用山中苍茫的暮色，来表现方外之别的寂情。

灵澈，生于会稽，本姓汤，字源澄，为云门寺的和尚，从严维学诗，曾与吴兴诗僧皎然游。

◉竹林寺：在今江苏镇江县城南。《舆图备考》：「镇江黄鹤山鹤林寺，旧名竹林寺。」

傍晚时分，苍葱的竹林寺里，传来了悠远的晚钟声。你肩上背着的箬帽，带着夕阳的余晖，独自归回青山的深处。

此诗作者借琴声以自比，说明「古调虽自爱」，但世人毕竟不欣赏。诗有言外之音，言知音难求，有孤寒之感。

◉泠泠：形容琴声洋溢。

◉松风寒：松风，古琴曲名，即松入风。此曲音调凄清，故云松风寒。

弹琴
1
泠泠七弦上，
2
静听松风寒。
3
古调虽自爱，
啪啪啪
4
今人多不弹。
七弦琴上洋溢着泠泠的琴音，我静静地听着它奏出凄恻的松风曲。我虽然很喜爱这种古调，但是现在的人大都不弹它了。

1
送上人
孤云将野鹤，
2
岂向人间住？
3
莫买沃洲山，

4
时人已知处。

孤云送野鹤，你就像那野鹤一般，岂会住在尘俗的人世间呢？我劝你不要买沃州山作为栖身隐居之所，因为许多人已知道它的所在了。

送别诗。上人，是僧人的尊称。刘长卿将自己比为孤云，将被送的和尚比为野鹤，野鹤不栖人间凡尘，以喻其不俗。作者善写五言诗，有「五言长城」的美誉。

◉沃洲山：在今浙江省新昌县东。唐白居易《沃州山禅院记》：「在剡县南三十里。」《云笈七签》云：「七十二福地，沃州，在越州剡县南。」

此诗是描写作者在风雪夜晚投宿山村时所见的景色。

芙蓉山，现山东省、湖南省境均有芙蓉山，诗中所指不知哪一座。

芙蓉山主人，指芙蓉山中的人家。

◉白屋：指茅草所盖之屋。因茅草枯干后是白色。

逢雪宿芙蓉山主人
1
日暮苍山远，
2
天寒白屋贫。
3
柴门闻犬声，
汪汪

4
风雪夜归人。

天色渐暗，太阳落在远远的山边，天气寒冷，破落的小茅草房又寥寥无几，一时找不到落脚投宿的地方，忽然听到狗叫声，风雪夜晚的行人，像是回到家里一样啊！

杜甫，字子美，是晋杜预的十三世孙，自称「杜陵野老」。是屈原以后中国历史上最伟大的平民诗人，他在作品中广泛地表现了人民苦痛的生活，反映了当时的政治经济情况，他的作品有真实的历史性，又具优美的艺术性，因此世人皆称他为「诗史」或「诗圣」。

唐代的大文学家韩愈曾把杜甫与李白并论说：「李杜文章在，光焰万丈长。」著有《杜工部集》。

杜甫

七一二—七七〇

这是一首描写舞姿的诗。由公孙大娘师徒精湛的舞艺写起，因而念及玄宗皇帝，并抒发家国盛衰和自身落魄的感慨。作于代宗大历二年（七六七）。

◉ 㸌如羿射九日落：㸌：灼也。羿，即后羿。《淮南子·本经训》：「尧之时，十日并出，焦禾稼，杀草木，尧乃使羿射十日，万民皆善。」高诱注：「十日并出，射去九日。」

◉ 骖龙翔：驾龙飞翔。

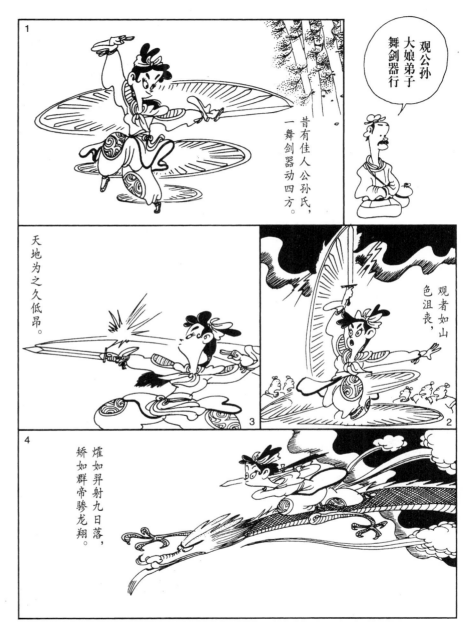

来如雷霆收震怒，
罢如江海凝清光。
绛唇珠袖两寂寞，晚有弟子传芬芳。
临颍美人在白帝，妙舞此曲神扬扬。

◉收震怒：或谓为「扶震怒」之误。扬雄《羽猎赋》：「神扶雷击。」颜师古注：「言所扶击如鬼神雷霆也。」扶：击，挞。

◉绛唇、珠袖：指美丽的容颜和美妙的舞姿。

◉临颍美人在白帝：临颍美人，指公孙大娘之弟子李十二娘，临颍人。临颍，在今河南省许昌县南。白帝，地名，今四川省奉节县东白帝山。此指夔州而言。

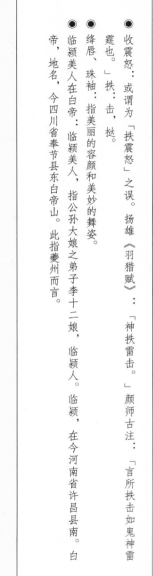

◉先帝：指玄宗。
◉五十年间：自开元五年（七一七）至作此诗时（七六七）正好五十年。
◉澒洞：浩然无际貌。此指安禄山之乱。
◉金粟堆：指金粟山唐玄宗陵墓。在今陕西省蒲城县东北。
◉木已拱：《左传》僖公三十二年：「尔墓之木已拱矣。」
◉瞿塘石城：指白帝城，近瞿塘峡。

老夫不知其所往？
足茧荒山转愁疾。
15

从前有一个容貌美丽的公孙大娘，她一舞起剑来，就会轰动四方。旁观的人多如山，个个都惊骇得面容失色，天地仿佛也跟着上下摇动。剑上闪着光彩，好像后羿把九个太阳射落下来一样；看她矫健的姿势，如同天帝乘着龙在空中飞翔。她从远处舞过来的时候，好像雷霆收住了震怒，她结束的时候，好比江海中凝结了一道清光。如今她的容颜和舞姿均已逝去，幸好晚年时还有一个徒弟，可以传扬她的芳名。这徒弟就是临颍地方的美人李十二娘，她在白帝城里，舞姿曼妙，神采飞扬。她和我谈论了好久，不禁感叹今昔的变迁，心中平添了许多惋惜和悲伤！先帝在时，服侍的女乐有八千人，其中公孙大娘的剑舞，为第一。到现在已五十年了，光阴过得如同反掌一般迅速，历年风尘扰乱，战祸连连，把王室也弄得昏暗了。梨园子弟，早已烟消云散，女乐们残余的姿容，反映在寒凉的日光中。金粟堆前先帝玄宗陵墓前的树木已可合抱了；瞿塘峡那边的石城上，草色凋零，景象凄惨。华宴管歌已曲终人散，我不禁悲从中来，这时只见月光正从东方升起。唉！我这个老头儿不知要到哪里去才好，两只脚上已经生了厚茧，却还在荒山中徘徊，愁思无穷。

◉老夫：作者谦称。
◉足茧：脚底因走路所生之重茧。
◉愁疾：愁病；愁苦。

野望
1
西山白雪三城戍，
南浦清江万里桥。

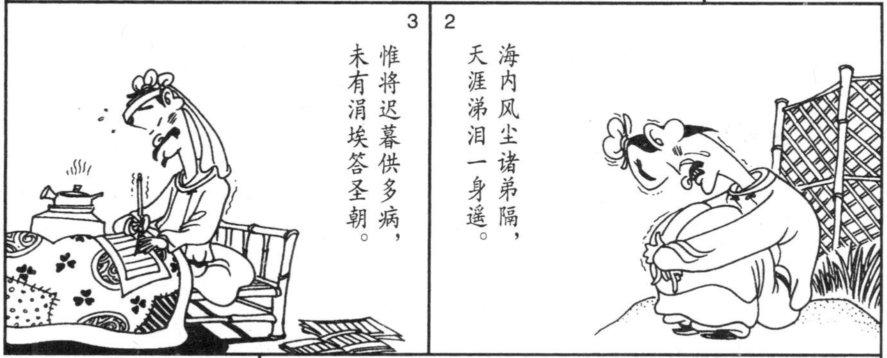
2
海内风尘诸弟隔，
天涯涕泪一身遥。
3
惟将迟暮供多病，
未有涓埃答圣朝。

4
跨马出郊时极目，
不堪人事日萧条。

西山上堆积着白雪，松、维、保三城里有重兵戍守；在成都南门外的清江上横跨着一座万里桥。国内战事频频，使得我和几位弟弟远离；我独自飘零在遥远的天边，不禁有些凄凉悲伤。只因年老，经常患病，把光阴都消磨在病榻上，没有一点功劳来报答朝廷。我骑马到郊外，极目眺望，真不忍见到这局势一天一天的衰落下去。

此为感怀的诗。作于肃宗上元二年（七六一）。

◉西山：一名雪岭，在成都西。

◉三城：《全唐诗》原作「三奇」。三城指松、维、保而言，与吐蕃接壤，为唐时边防重地。

◉南浦清江万里桥：南浦，南边近水的地方。万里桥，在成都南门外。

1
闻官军收河南河北
剑外忽传收蓟北，初闻涕泪满衣裳。
2
却看妻子愁何在？漫卷诗书喜欲狂。
3
白日放歌须纵酒，青春作伴好还乡。

4
即从巴峡穿巫峡，便下襄阳向洛阳。

我在四川，忽然听得官兵收复了蓟北的消息，乍听之下，高兴得眼泪夺眶而出，沾湿了衣裳。回头看看我的妻子，愁容已不在。我随便收拾着书籍，真是欢喜若狂。在这好日子里，我大声高歌尽情饮酒，趁着春光明媚时结伴回故乡，因此就从巴峡穿过了巫峡，经过襄阳，向着洛阳进发。

唐代宗广德元年（七六三），官军收复了河南、河北，平定了安史之乱。当时杜甫正在梓州避乱，消息传来，欣喜过望，因作此诗。

◉剑外：四川省北部有剑门，以南处称剑外。

◉蓟北：在今河北省北部。为当时安史之乱的叛军盘结的根据地。

◉巴峡：泛指重庆到万县、奉节一带大江的峡口。

◉巫峡：三峡之一，在四川省巫山县东。

此诗作于代宗广德二年（七六四）的秋天。时严武再镇蜀，于是年六月推荐杜甫为检校工部员外郎，赐绯鱼带，并在节度使署中任参谋。诗中描述幕府中独宿的冷寂情景。

◉府：指幕府，军旅出行，施用帐幕，因以幕府为古代将军的府署。

◉风尘：代指战乱。杜诗中多用此句。

◉强移栖息一枝安：杜甫时为严武的参谋，故云一枝之安。《庄子·逍遥游》：「鹪鹩巢于深林，不过一枝。」

宿府
1
清秋幕府井梧寒，
独宿江城蜡炬残。
2
永夜角声悲自语，
中天月色好谁看？
3
风尘荏苒音书绝，
关塞萧条行路难。

4
已忍伶俜十年事，
强移栖息一枝安。

清朗的秋天，将军幕府井边的梧桐带着些微寒意。我独自住在江城，面对着即将点完的蜡烛。长夜里不时传来悲凉的号角声，好像在对我诉说苦楚。天上月色很美，但有谁去欣赏它呢？多年的战事，使得我和家乡音讯断绝。在这边塞地方，景象凄凉，行路颇觉艰难。我忍受着十年来伶仃漂泊的生活，勉强栖息在此，只是暂时得到安身的处所罢了。

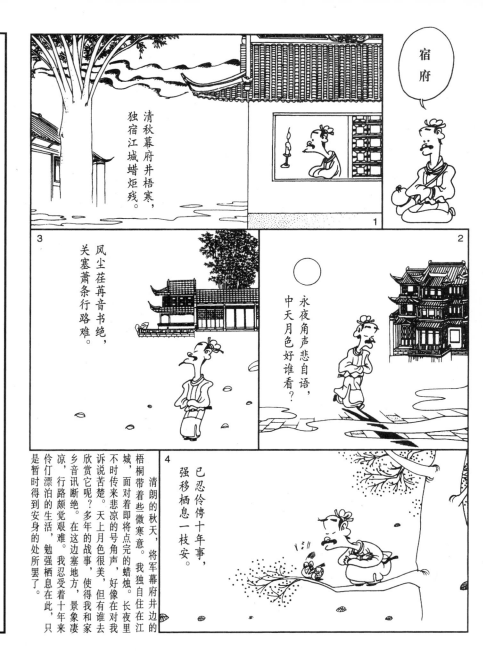

本诗为代宗大历元年（七六六），杜甫初至夔州时所作。题为八阵图，实为评诸葛亮的功业。

◉ 八阵图：古代一种战阵布置方法。相传诸葛亮曾经在夔州奉节（今四川省）永安宫前平沙上，用石块垒成天、地、风、云、龙、虎、鸟、蛇八阵。夏日水涨时隐于水中，冬天水退时露出水面。

八阵图

1 功盖三分国，

2 名成八阵图。

3 江流石不转，

4 遗恨失吞吴。

论起诸葛亮的功业，算盖世第一；他推演兵法，完成了著名的八阵图。虽然江水日夜奔流，但是堆成八阵图的石子，至今丝毫没有转动；但遗憾的是他出兵伐吴没有成功吧！

《升菴诗话》卷十三：「花卿在蜀，颇用天子礼乐，子美作此讽之而意在言外，最得诗人之旨。」

花卿，即花敬定，成都尹崔光远的部将，曾参与平定梓州刺史段子璋之乱，因此居功自傲，放纵宴乐。

◉锦城：锦官城，四川成都的别称。

◉江：锦江。成都在锦江旁。

成都市里每天歌舞宴乐不绝，歌声随风传到锦江，传上云天。这样美妙的乐曲只应该在天上的仙境才会有啊，兵荒马乱之中的苦难百姓哪能够有机会听到呢？

《望岳》是杜甫三十岁左右的作品，开元天宝年间，杜甫居于东都，游历齐、赵一带，再回长安时所作。

◉岳：指泰山，在山东省泰安县北。

◉岱宗：泰山的别名。

◉齐鲁：古人谓泰山之阳为鲁，泰山之阴为齐。齐鲁皆指今山东省。

◉阴阳割昏晓：山后为阴，照不到日光，易昏。山前为阳，日光先照到，故易晓。割，区隔、区分之意。

◉决眦入归鸟：决，即裂。眦，眼眶。登高远望，尽目力之所及，空中的归鸟皆入眼中。

望岳
1
岱宗夫如何？齐鲁青未了；
2
造化钟神秀，阴阳割昏晓。
3
荡胸生层云，决眦入归鸟；

4
会当凌绝顶，一览众山小。

高峻的泰山，形势是怎样的呢？原来它接连在齐鲁两国的地方，青色的山脉，绵延不断。由于天地造化万物，把灵秀之气汇合在这座高山上，山前是日光所常照，山后因为日光照不到，所以便有一暗一明的分别。动荡我胸襟的，便是那山上一层层的云雾袅袅，张开眼睛，空中的归鸟便尽入我的视线。我将来总要走到最高的峰顶上去，向下俯视，看看其他各山的渺小哩。

天宝十五年（七五六）五月，杜甫从奉先移家至潼关以北的白水。六月，潼关失守，玄宗奔蜀，杜甫便携眷北行，至鄜州暂住。七月，肃宗即位灵武，杜甫前往投奔，却身陷贼手，被困长安。《月夜》就是八月在长安所作。

◉鄜州：唐时属关内道，今陕西鄜县。当时杜甫家人寄寓在此。鄜，音fū。

◉闺中：指妻子。杜甫遥想妻子的生活景况。

◉解：了解。

◉香雾云鬟湿：香雾指带着花香的夜雾。云鬟指美丽如云的发鬟。

◉清辉：月光。

◉虚幌：透明的帷幔。

月夜
1
今夜鄜州月，
闺中只独看；
2
遥怜小儿女，
未解忆长安。
3
香雾云鬟湿，
清辉玉臂寒；
4
何时倚虚幌？
双照泪痕干。

今晚鄜州地方的月亮，只有我的妻子在闺房中独自看着。遥念家里的小儿女实在可怜，他们还不晓得思念在长安的父亲。她头上像乌云一般的头发，被夜里的雾气沾湿；她白玉似的手臂，被清寒的月光照着，应觉得有些凉意吧！什么时候可以和她相倚在窗帷边赏月，使我们两人的泪痕都干了呢？

唐至德二年（七五七），杜甫陷居长安，忧国愁民，思念家人，感时而作。

◉感时花溅泪，恨别鸟惊心：这里有二种解说，一为以「我」为主语，花鸟原为春日赏心悦目之物，却因忧时伤离，而使我见花落泪，闻鸟惊心。一为以「花」、「鸟」为主题，将无知的动物拟人化，花含清露，似因感时而溅泪；鸟雀疾飞，似为恨别而惊魂不定。

◉烽火连三月：去年三月，烽火漫天；今年三月，战事仍频，故谓连三月。

◉搔：抓。

◉浑欲：几乎要。

◉不胜簪：发不胜簪，指头发少得插不上簪。簪是连发于冠的一种长簪，男子成年用来束发。

春望
1
国破山河在，
2
城春草木深；
3
感时花溅泪，
4
恨别鸟惊心。

5
烽火连三月，
家书抵万金；
6
白头搔更短，
浑欲不胜簪。

国家遭战火破坏，但山河依旧存在；到了春天，长安城里的草木长得很杂乱。因为感伤时世，看到美好的花草，也不免流下泪来；恨着彼此的别离，听到悦耳的鸟声也有些心惊。战事由去年的三月到今年的三月，偶然得到一封家信，珍贵得可以抵过万两黄金。现在我已老了，白发愈搔愈稀少，几乎快插不上簪子了。

这首诗作于乾元年间，杜甫为救助房琯，被视琯党。乾元元年（七五八）六月，房琯被贬为邠州刺史，杜甫也由左拾遗官位贬为华州司功参军，自此离开京师，不再回京。

◉金光门：唐朝京城外郭城西面有三道门，北为开远门，中为金光门，南为延平门。

◉凤翔：陕西省县名，为秦西重镇，历代皆屯兵驻守。

◉华州掾：华州指陕西省华阴县一带。掾指辅佐的小官。

◉昔归顺：从前吐蕃归顺朝廷所走的道路。

◉胡正繁：胡人来往频繁。

◉残破胆：胡人造反，使京城残破，行人胆怯。

◉未招魂：神魂未定。

◉至尊：指君王。

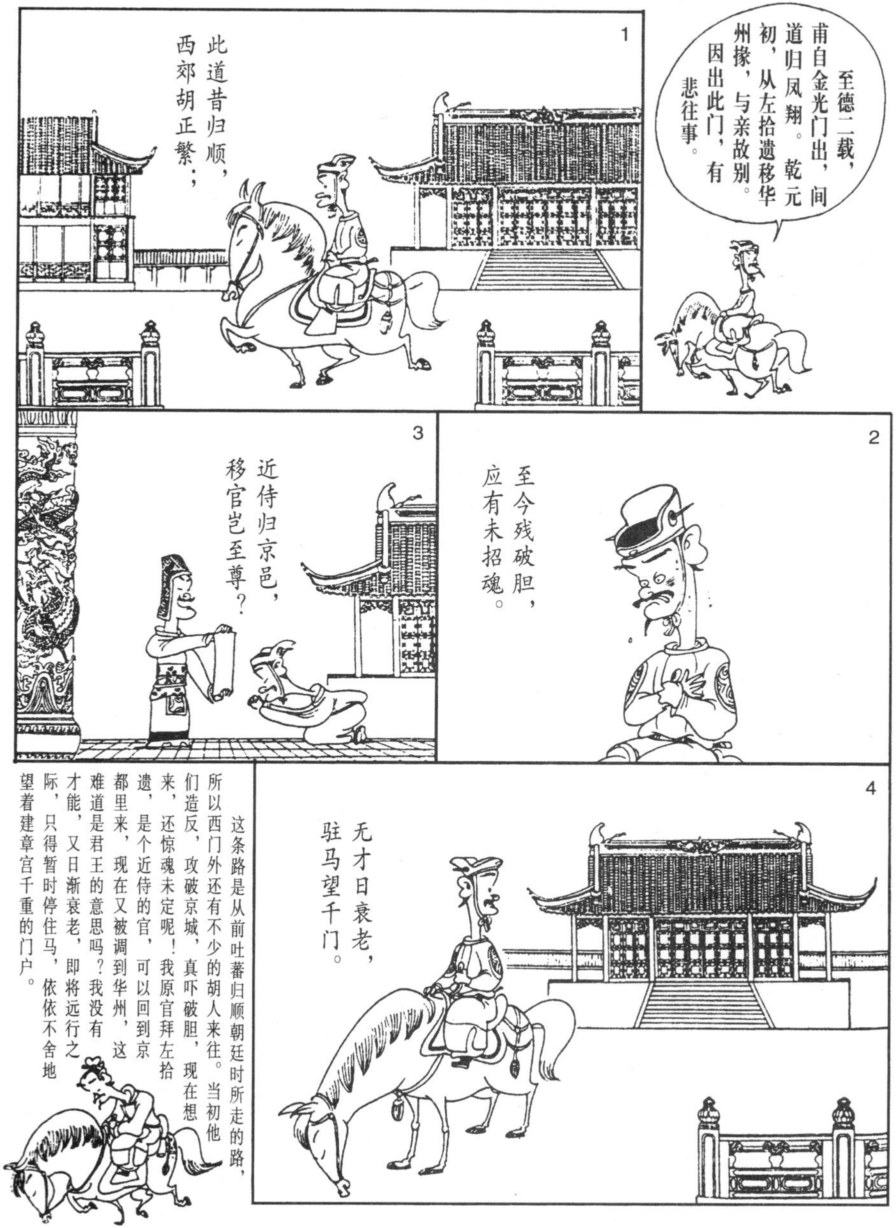

月夜忆舍弟
戍鼓断人行，边秋一雁声；
露从今夜白，月是故乡明。
有弟皆分散，无家问死生；
寄书长不达，况乃未休兵。
边地的戍楼上正敲着更鼓，路上看不到行人的踪迹。边塞寂寂的秋空里，只听得一只孤雁的鸣声。露水从今夜开始愈发地白了，月光仍旧和家乡的一样明亮。我有三个弟弟，因为战事都分散了，家破人散，连生死都无处打听。我寄信到故乡，常常是寄不到的；况且现在战事没有停止，音讯更难通达了。

唐肃宗乾元二年（七五九），安史之乱犹未平息，长安一带大闹饥荒，杜甫放弃了华州司功参军的官职，移家秦州。这首诗作于是年秋天。

◎戍鼓：军人驻防的城楼，夜半敲响了更鼓。

◎断人行：更鼓敲过，行人便不能再走动。

◎边秋：边塞的秋天。

◎露从今夜白：秋天有白露节，天气渐渐变凉，露水也愈莹亮剔透。

◎有弟皆分散，无家问死生：杜甫的三个弟弟杜颖、杜观、杜丰此时皆在东方，各自分散，无法通音讯。这年九月，史思明从范阳引兵南下，攻陷汴州、洛阳，齐、汝、渭等州都在战乱之中。

千古的绝唱

杜甫与李白之相遇、相知，是中国诗坛的一大佳话。杜甫为李白所作的十余首诗，皆作于乾元二年（七五九）秋天，时杜甫流寓秦州，李白流放夜郎，可说同病相怜。

◉天末：形容边塞遥远，指秦州。

◉君子：指李白。 ◉鸿雁：指书信。

◉文章憎命达：指写文章的人自古命运多坎坷。

◉魑魅喜人过：魑指山神兽形，魅指怪物，暗喻奸邪小人。李白此时流放夜郎，乃魑魅之地，人过可食。

◉冤魂：指屈原的魂魄。

◉汨罗：江名，屈原自沉之处，在今湖南省湘阴县东北。

天末怀李白
凉风起天末，君子意如何？
1
2
鸿雁几时到？江湖秋水多；
3
文章憎命达，魑魅喜人过；

4
应共冤魂语，投诗赠汨罗。

从天边吹来一阵凉飕飕的风，不知你现在如何？鸿雁几时才飞到这里呢？江湖的秋水现在应已高涨了，你有很好的文采，可惜命运不好，那些山林中吃人的鬼怪，最喜欢人们走过去，让它们饱食一餐。我看你应该把胸中的苦闷，向屈原的冤魂吐诉，做一首诗投到汨罗江里给他。

肃宗上元元年（七六〇），杜甫游成都诸葛武侯祠，有感而发。

- 锦官城：指成都。锦官城外的武侯祠堂，古柏参天，相传为诸葛亮亲手所植。
- 自春色：春色自来之意。
- 黄鹂：黄莺，啼声甚美。
- 三顾：指刘备当年三顾茅庐，请出诸葛亮治理蜀国。
- 开济：开创大事，匡济危时。
- 出师未捷身先死：刘备死后，诸葛亮继续辅佐后主刘禅，但尚未定军天下，他已先去世了。

1
丞相祠堂何处寻？
锦官城外柏森森；
蜀相
映阶碧草自春色，
隔叶黄鹂空好音。
2
3
三顾频烦天下计，
两朝开济老臣心；

4
出师未捷身先死，
长使英雄泪满襟。

去哪里寻找诸葛亮的祠堂呢？原来祠堂就在锦官城外，那里柏树长得很茂盛，阶前映着碧草，徒自呈现一片春色；黄莺隔着树叶，空叫出悦耳的声音。从前刘备三顾茅庐，与他共商平定天下的大计，在先主和后主两朝中，开国辅国都靠着这位老丞相的一片忠心。后来出兵伐魏，不但未能战胜，反而牺牲自己的生命，使后世的英雄莫不为他悲伤，热泪沾湿衣襟。

本诗作于上元二年（七六一），成都草堂。

◉舍：指杜甫在成都的草堂。

◉缘：因为。

◉兼味：多种口味。

◉旧醅：旧酿尚未过滤的酒。

◉但见：只见。

◉盘飧：盘中的菜肴。

◉樽酒：酒樽、酒醴。

◉取：语助词。

1
舍南舍北皆春水，
但见群鸥日日来。
客至
花径不曾缘客扫，
蓬门今始为君开。
3
盘飧市远无兼味，
樽酒家贫只旧醅。

肯与邻翁相对饮，
隔篱呼取尽余杯。
老伯，过来喝一杯吧！
4

在我住屋的南北，都有春水流过，水面上有许多鸥鸟，天天从远处飞来，种着花木的小路，不曾为客人的到来而打扫干净；这扇蓬草门，为了你来，才把它打开。这里离市街很远，买不到佳肴美味，盘里的菜，没有几种可口的。又因为家境贫穷，只有用陈年未经滤过的劣酒来款待你。你如果愿意和隔壁的老翁对饮，我就隔着篱笆请他过来，一同畅快地喝它几杯吧！

登高
风急天高猿啸哀，
渚清沙白鸟飞回；
无边落木萧萧下，
不尽长江滚滚来。
万里悲秋常作客，
百年多病独登台；

艰难苦恨繁霜鬓，
潦倒新停浊酒杯。
谢谢，我刚刚戒酒不喝了。

我登高遥望，觉得风声急促，天空高旷，又听得猿猴哀啼的声音，极为凄凉。清静的沙洲上铺着一层白沙，水鸟在上面飞旋。秋天，树叶都萧萧地落下，没有穷尽的长江水，滔滔不绝地奔流过来。我常做客在万里之外，不禁为秋天的萧条景色悲伤。人生不过百年，我却时常生病，现在总算有机会到高台上登览。在这艰难的时世，深恨鬓发已白，肺疾缠身，最近只好戒酒了。

大历二年（七六七）秋天，杜甫在夔州登高所见。

◉渚：水中小洲。

◉无边：形容寂寞与秋色同样无边无尽。

◉艰难苦恨繁霜鬓：艰难的日子，深怕自己鬓发频白，无能为力。

◉潦倒：此时杜甫肺疾缠身，潦倒不堪。

大历五年（七七〇）暮春，杜甫在潭州（今长沙市）遇见开元、天宝时代著名的音乐家李龟年，心中有感而作此诗。

◉李龟年：唐代著名乐工，在玄宗时备受恩宠，后因战乱，流落江南，晚景凄凉。杜甫年轻时在洛阳听过他唱歌，大历五年，又在潭州和他相遇。

◉岐王：唐睿宗子隆范，封岐王，雅好文艺。

◉寻常：平时，经常。

◉崔九：殿中监崔涤，中书令崔湜之弟，唐玄宗的宠臣。

◉落花时节：指暮春。

江南逢李龟年
1
岐王宅里寻常见，
2
崔九堂前几度闻。
3
正是江南好风景，
4
落花时节又逢君。
从前我和你在岐王的府邸常常相见，在崔九的厅堂上也曾好几次听到你的歌曲。现在江南风景正美，但是在这落花时节，我又和你相遇，心里不免有些感伤呢！

岑参

七一五—七七〇

岑参，南阳人。

天宝元年进士，曾长期在唐安西节度使幕中任职，几度出塞，久佐戎幕，对边地征战生活和边疆风光深有了解和感受。写出不少歌咏边塞征战的诗，被誉为边塞诗人。

后来他离开关西，为嘉州刺史，晚年入蜀，依杜鸿渐，卒于蜀，年五十六。著有《岑嘉州诗》七卷。

寄左省杜拾遗
联步趋丹陛，分曹限紫微。
晓随天仗入，暮惹御香归。
白发悲花落，青云羡鸟飞。
哈々々！

圣朝无阙事，自觉谏书稀。

我和你同朝为官，你在左省衙门，我在右省衙门，中间隔着紫微省。早晨跟随天子的仪仗入朝，傍晚时车子染了御炉的香气回来。我年纪已老，头上的白发像花朵一样地掉落，你青云直上，正是得意的时候，使我羡慕你像鸟儿一样高飞在青天上。在这个圣明的时代，朝廷没有阙事可补，所以劝谏的表章自然就稀少了。

本首诗为寄赠之诗，作于肃宗乾元元年（七五八）。时岑参四十四岁，在长安任右补阙，时与杜甫、贾至、王维、严武等并肩出入，互相唱和，杜甫集中，并有《奉答岑参补阙见赠》就是这首诗的和作。

左省，唐代的门下省，又称左曹、东省。大明宫宣政殿东廊名日华门，门外东上阁为门下省所在地，地处殿左，故称左省。

杜拾遗：即杜甫，时任左拾遗，属门下省。

◉ 紫微：《晋书・天文志》：「一曰紫微，大帝之座也，天子之常居也。」古时以王者之官象紫微，此指皇帝的宣政殿。

1
奉和中书舍人贾至早朝大明宫
鸡鸣紫陌曙光寒，
莺啭皇州春色阑。
喔喔喔
喔喔喔
2
金阙晓钟开万户，
玉阶仙仗拥千官。
3
花迎剑珮星初落，
柳拂旌旗露未乾。

4
独有凤凰池上客，
阳春一曲和皆难。
阳春曲高

清晨鸡鸣声响彻了京城的大道，曙光中带有些微寒意。京城里黄莺婉转鸣唱，春天即将过去。金銮殿上的钟声开始敲响，所有的宫门同时开启，宫殿的阶石下卫队森严地排起仪仗，簇拥着成千的官员上殿。一路上鲜花迎着佩带的宝剑，稀疏的晨星渐渐隐没；杨柳拂着旌旗，而柳枝上的露水还没有干呢。只有站在凤凰池畔的诗人，他的诗，有如阳春曲一般的高雅，实在难以唱和！

这首赠答的诗，据杜诗考之，当为肃宗乾元元年（七五八）的作品。贾至有《早朝大明宫呈两省僚友》一诗，当时岑参、王维、杜甫均有和作。

大明宫，即蓬莱宫，称宫内。

◉凤凰池：指宰相而言，为中书省所在地，简称凤池。

◉阳春：雅乐。阳春、白雪，均曲调名。宋玉对楚王问：「其为阳春、白雪，国中属而和者不过数十人，是其曲弥高，其和弥寡。」

玄宗天宝八年（七四九），岑参去西安任职途中，遇到去京城的使者，虽对故园深为怀念，但只请使者捎个平安口信。

◉故园：指岑参的家乡。

◉路漫漫：屈原《离骚》：「路漫漫其修远兮。」

◉龙钟：涕泪沾湿貌。方以智《通雅》，「龙钟」转为「陇冻」。《广韵》：「冻，泷冻、沾渍。」

我望着东方故园，无奈路途十分遥远；我袖中衰颓无力的双手，揩不尽涔涔流下的泪水。现在我和你在马上相逢，身边没带纸笔，只好请你带一个口信到我家里，说我在这里很平安就是了。

韦应物

七三七—七九一

韦应物，京兆长安人，生于开元二十五年，约死于贞元八年。

年少时讲义气好打抱不平，曾以三卫郎事玄宗。后折节读书，考取了进士。永泰中，授京兆功曹，迁洛阳丞。历任滁州、江州、苏州刺史，所以又被称做「韦苏州」。

他的诗风格与王维相近，以描写山水田园为主，五言绝句清幽萧散，七言绝句淡远秀朗。死后留下作品《韦苏州集》十卷。

寄全椒山中道士
1
今朝郡斋冷，
忽念山中客；
2
涧底束荆薪，
归来煮白石。
3
欲持一瓢酒，
远慰风雨夕；

4
落叶满空山，
何处寻行迹？

今早郡府内很冷，忽然使我想起在全椒山中隐居的你；我想你此刻大概仍在深涧底下捆柴，把它拿回来用以煮白石为粮。我想带一瓢酒去拜访你，安慰你在这风雨夜里的孤寂；怎奈片片的落叶，堆满了空山，我要到什么地方才可以找到你的行踪呢？
这是韦应物在滁州刺史任内，写给全椒山中道士的诗。全椒，唐时属滁州境内，在今安徽省。《舆地胜纪》：「神山在全椒县西三十里，有洞极深。」山中道士，指白石先生。

◉煮白石：《神仙传》：「白石先生者，中黄丈人弟子也。尝煮白石为粮，因就白石山居，时人故号曰白石先生。」

客从东方来，
衣上灞陵雨。
长安遇冯著
问客何为来？
采山因买斧。
冥冥花正开，
飏飏燕新乳。

昨别今已春，
鬓丝生几缕。

有客从东方来，他的衣服上还沾着灞陵的雨。我问客人来此何事？他说为了开辟山地，特来买一柄斧头。如今花朵正盛开着，空中飞舞着新生的乳燕。去年一别，如今已是春天了，不知两鬓边又添了几根白发呢？

韦应物于长安遇冯著从灞陵来，而作此诗。

冯著，即冯十七著，与韦应物为同时代之诗人，曾在洛阳、长安为官，经安史之乱后，至广州为录事。此诗写故友相逢，不问寒暄，但问白发生几许，则知故人环境困厄，如此表示了诗人的关怀，选材特殊，与一般写故友重逢所问不同。

◉灞陵：即灞上，在长安城东。汉文帝葬于此，因改称灞陵（皇坟称陵）。

梁川，在今陕西南郑县东。韦应物早年曾客居于此，十年后游于淮水之上，又遇梁川老友，故作此诗。

淮上，指今江苏淮阴一带。

◉浮云一别后：李陵《与苏武》诗：「仰视浮云驰，奄忽互相逾，风波一失所，各在天一隅。」苏武诗：「俯观江汉流，仰视浮云翔。」

淮上喜会梁川故人
1
江汉曾为客，相逢每醉还。
2
浮云一别后，流水十年间。
3
欢笑情如旧，萧疏鬓已斑。
4
何因北归去？淮上对秋山。
我曾在江汉一带客居，每次相遇，总是畅饮而返。自从和你分别后，你我的行踪就像浮云一般地飘忽不定，一转眼间已过了十年。如今再见到你，欢情仍和旧时一样，但是我们年纪已老，两鬓都已稀疏斑白。既是这样，为什么又要北归，使我在这淮水上空对着秋山呢？

赋得暮雨
送李胄
楚江微雨里，
建业暮钟时。
漠漠帆来重，
冥冥鸟去迟。
海门深不见，
浦树远含滋。

相送情无限，
沾襟比散丝。

楚江上落着细雨，建业城正敲着晚钟。隐隐约约的帆船一艘艘地驶过来，似乎很沉重；鸟儿迟缓地飞过暗沉沉的天际。那江水入海之处，船影深远而不可见，远处浦口边的树木蕴含着水气。今天为你送别，心中怀有无限的凄清，眼泪不禁滴到衣襟上，就像飘散的雨丝一样。

韦应物于建业送友人李胄沿江远去。借暮雨的迷濛比喻无限的别情。

李胄，一作李渭，又作李曹，生平未详。

◉楚江：长江濡须口以上至三峡，战国属楚，古称楚江。

◉建业：三国吴迁都秣陵，改称建业，即今南京。

◉散丝：晋张协《杂诗》：「密雨如散丝」借喻泪下如雨，难舍离情。

本诗是韦应物于唐德宗贞元初年，官苏州刺史时所作之寄赠诗。

李儋，字元锡，曾官殿中侍御史，为韦应物诗友。韦有《酬李儋》、《送李儋》等诗。

◉西楼：《清统一志》：「江苏苏州府：观风楼在长州子城西。」龚明之《中吴纪闻》：「唐时谓之西楼。白居易有《西楼命宴诗》。」

寄李儋元锡
1
去年花里逢君别，
今日花开又一年。
2
世事茫茫难自料，
春愁黯黯独成眠。
3
身多疾病思田里，
邑有流亡愧俸钱。
咳

4
闻道欲来相问讯，
西楼望月几回圆？

去年花开的时候，和你正分别，今日花开又已过了一年。世事茫茫无定，难以预料，几许春愁黯自神伤，伴我独自成眠。我的身体多病，时常思念着故乡。城内常有流散失业的人民，我很惭愧收受朝廷的俸禄，却没把朝政做好。听说你要到这里来看我，我在西楼上等着你，却不知还要等待几回月圆呢？

在秋天的夜里，我心中想念着你，因此在外面闲散地走着，一面吟咏着初凉的天气。空旷的山里，松子一个个落下，我想你这幽闲的人，这时应该还没有睡吧！

这是一首秋夜寄友人的诗。

邱员外，名丹，苏州嘉兴人，诗人邱为之弟，曾官仓部、祠部员外郎。时邱丹正在临平山中学道。员外，即员外郎，谓额外之官，与正式部曹官不同。故有权势者，皆得假借以为称号。

◉幽人：隐者，即指邱丹。其有诗《和韦使君秋夜见寄》：「露滴梧叶鸣，秋风桂花发。中有学仙侣，吹箫玩秋月」。

这是一首写景的诗。滁州，即今安徽省滁县，当时韦应物任该州刺史。

西涧：在滁县城西，俗名上马河。大约宋时即已淤塞。

◉黄鹂：即黄莺的别称。

◉野渡：郊外的渡口。

滁州西涧
1
独怜幽草涧边生，
2
上有黄鹂深树鸣。
3
春潮带雨晚来急，

4
野渡无人舟自横。

我特别怜惜这隐僻在西涧旁边的青草，在它的上面有黄莺在茂密的树上鸣叫着。春天的傍晚，潮水和雨点，似乎来得更急。野外的渡口没有人守渡，只见船儿独自横在水边。

卢纶

七四八—八〇〇

卢纶，字允言，河中蒲人。因避天宝之乱，客居鄱阳，大历初，数举进士不第，然素有诗名，为「大历十才子」之一，元载素赏重，取其文进之，累官监察御史。今留传下来的诗有五卷，《唐才子传》录有他的传。

这是一首留别的诗。《全唐诗》校云：「一作严维诗，题作送李端。」

李端，大历十才子之一。

◉故关：故园也。

◉少孤：少时失父。

◉风尘：形容世事扰攘。

李端公
故关衰草遍，
离别正堪悲。
路出寒云外，
人归暮雪时。
少孤为客早，
多难识君迟。
掩泪空相向，
风尘何处期？

故乡地方，衰草遍地，我这次和你分别，心中实在很悲伤。路一直延伸到寒云之外，这时，正是傍晚下雪的时候。我幼年丧父，很早就到外面生活，经历过了许多灾难，很晚才和你相识。现在又要和你分离，不免掩面对泣。在这扰攘的尘世中，不知几时才能够和你再见呢？

塞下曲
其一

1
鹫翎金仆姑，

2
燕尾绣蝥弧；

3
独立扬新令，

4
千营共一呼。

塞下有一位很威武的将军，他用鹫羽做成一种金仆姑的箭，他所竖的旗帜，是有燕尾形飘带、刺绣成的蝥弧旗。他独自站在台上，对着全体军士发布新的命令。那班军士听了这个新令，千百个军营，都士气喧腾地一齐高呼。

塞下曲，是以描写边塞为主的乐府诗。卢纶共作有六首塞下曲。

⦿ 翎：箭羽。

⦿ 金仆姑：箭名。

⦿ 蝥弧：旗名。《左传》隐公十一年：「颍考叔取郑伯之旗蝥弧以先登。」疏：「郑有蝥弧，诸侯之旗也。」

塞寺 / 千古的绝唱

塞下曲其二

1 林暗草惊风，

2 将军夜引弓。

3 平明寻白羽，

4 没在石稜中。

树林幽暗，风吹草动，发出瑟瑟声响。将军在夜里拉满弓把箭射出去，等到天亮去找这枝箭时，发现它正射在石头上，而箭头已陷入石块中。

汉朝李广任右北平太守时，在一次打猎中，把草丛中的一块大石头误以为虎，一箭射去，连箭尾都射进了石头。这首诗，就是借此传说，来赞颂边防将领们的神勇。

● 草惊风：形容风吹草动。

● 没在石稜中：陷入石块中。

《史记·李将军传》：「广出猎，见草中石，以为虎而射之，中石没镞。」

李益

七四八—八二七

李益，字君虞，陇西姑臧人。

大历四年进士，曾做幽州节度使，宪宗时历任秘书少监、集贤殿学士，官至礼部尚书。久历征戍，往往于鞍马间作诗。故多悲歌慷慨之作，著有《李君虞诗集》。

外弟，就是表弟。近人彭国栋《澹园诗话》：「元吴师道引时天彝云：李益与卢纶为中表，此云外弟，盖指卢纶。」

◉沧海事：言世事变化大，乃「沧海桑田」之节用。

◉巴陵道：言巴陵道上。巴陵，今湖南省岳阳县。元和郡县志：「昔羿屠巴蛇于洞庭，其骨若陵，故曰巴陵。」

喜见外弟又言别
1
十年离乱后，长大一相逢。
2
问姓惊初见，称名忆旧容。
3
别来沧海事，语罢暮天钟。

4
明日巴陵道，秋山又几重。

经过了十年的离乱，到现在都已长大，我们才相遇。我问了你的姓，不觉吃了一惊；你说出了名字，我才想你旧时的容貌来。自从和你分别后，世事的变迁，真如沧海桑田。我们彼此感慨了一番，不觉听到日暮钟声从远处传来。明天你又要到巴陵地方去，我们又将隔着好几重的秋山了。

乐府诗集中，汉代的相和曲收有「江南曲」，六朝的清商曲收有「江南弄」，大抵是江南一带的民歌。

李益便是仿照清商曲辞而作江南曲，是道情的小诗，描写商人妇的怨恨。

◉瞿塘：指瞿塘峡，长江三峡之一，在今四川省奉节县东南。

◉潮有信：指潮水涨落有一定的时间。

◉弄潮儿：识水性的年轻人。

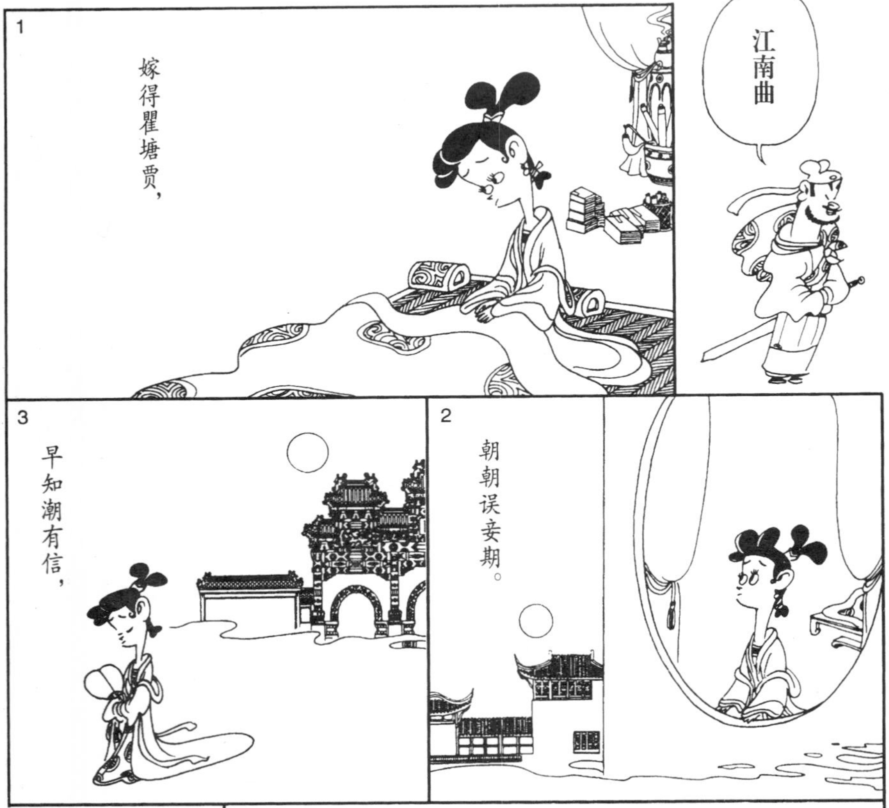
江南曲
1
嫁得瞿塘贾，
2
朝朝误妾期。
3
早知潮有信，

4
嫁与弄潮儿。

我自从嫁了瞿塘峡的商人后，他每天都延误了与我约定好的归期。我若早知道潮水是按时消长的，那么我情愿嫁给弄潮的儿郎。

夜上受降城闻笛
回乐峰前沙似雪，
受降城外月如霜。
不知何处吹芦管？

一夜征人尽望乡。

回乐峰前的沙尘，像雪一样的多；受降城外的月光，像霜一样的冷。不知道从什么地方传来芦管的声音，使得远征的人，整夜里都对着故乡遥望。

这首诗描写了北方边塞的严寒凄冷，刻画了守边战士思念家乡的心情。

◉回乐峰：唐关内道灵州回乐峰，在今甘肃省灵武县西南。

◉受降城：唐将张仁愿击败突厥后，在黄河以北地区筑东、西、中三受降城，此处为西受降城。

◉芦管：胡人卷芦叶以作乐器，是为芦管。

孟郊

七五一—八一四

孟郊，字东野，湖州武康人。

年轻时隐居嵩山，性情耿直，少与人来往。年近五十才中进士，做过小官。他是韩愈最赏识的诗人，但一生生活穷困，诗多抒写不平，也反映了一些民间疾苦，著有《孟东野集》，卒年六十四。

操，是琴曲的调子；烈女操，是歌颂坚贞守节女子的琴曲。清吴乔《围炉诗话》：「东野《烈女操》、《游子吟》等篇，命意真挚，措词亦善。」

◉徇：一作殉，以人从葬也。

◉井中水：一作古井水。

烈女操
1
梧桐相待老，
2
鸳鸯会双死。
3
贞女贵徇夫，
舍生亦如此。

4
波澜誓不起，
妾心井中水。

梧桐树彼此相伴到老，河边的鸳鸯不愿一只独活。贞洁的烈女，也和它们一样愿为丈夫殉死。她的心平静得像井里的水一样，不会再起任何的波澜，哪里还有别的妄想呢？

这是孟郊赴任溧阳县尉时所作的诗，溧阳，在今江苏省宜兴县西。此首颂扬母爱的小诗，为千古传诵的名篇。

游子吟，乐府诗集列于杂曲，汉苏武诗：「幸有弦歌曲，可以喻中怀，请为游子吟，泠泠一何悲。」汉时即有此曲，大抵为出门在外者所咏唱之歌。

◉三：虚数，无义。

1
游子吟
慈母手中线，
游子身上衣。
2
临行密密缝，
3
意恐迟迟归。

4
谁言寸草心，
报得三春晖？

慈母手里的针线缝制成了游子身上所穿的衣服；临行前，母亲便会为他一针一针密密地缝制衣裳，她的心意就是恐怕他不能早日归家。有谁能说以儿女微细得像寸草那样的孝心，能够报答得了母亲像春晖普泽一样的恩情呢？

韩愈，字退之，河南南阳人。

幼年时期贫穷孤苦，刻苦自学，二十五岁那年进士及第，曾担任过四门博士、监察御史。元和十四年由于上谏劝阻宪宗不要迎佛骨，几乎送掉性命，贬为潮州刺史。晚年召为国子祭酒，卒于长安京兆尹任内，年五十七，谥为文，世称韩文公。

韩愈是唐朝著名的散文家，他极力提倡古文运动，写了许多优美的作品。后人便将他与宋代欧阳修等古文家，合称为「唐宋八大家」。

韩愈

七六八—八二四

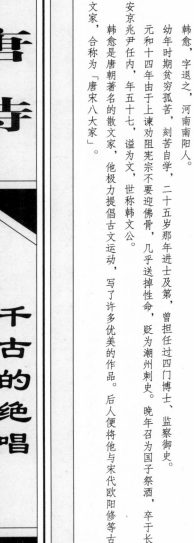

1
山石荦确行径微，
黄昏到寺蝙蝠飞。
山石
2
升堂坐阶新雨足，
芭蕉叶大栀子肥。
3
僧言古壁佛画好，
4
以火来照所见稀。

此诗约作于贞元十七年（八〇一）夏秋之间。韩愈与朋友到洛水钓鱼，夜宿洛北惠林寺。

全诗遣词用语清新明白，描绘了远离尘世的古庙、山林，也从中流露出作者因为政治上失意而产生的抑郁、避世的思想情绪。

◉栀子：植物名，常绿灌木，夏开大形之白花，稍带黄晕，有香气，又有木丹、越桃等名。

◉疏粝：粝，粗米。指粗茶淡饭。

◉百虫绝：各种鸣虫都停止了叫声。

◉烟霏：流动的烟云。

◉枥：即栎树，一种落叶乔木。

◉围：两手合抱叫一围，十围，形容树木粗大。

5
铺床拂席置羹饭，
疏粝亦足饱我饥。
6
夜深静卧百虫绝，
清月出岭光入扉。
7
天明独去无道路，
出入高下穷烟霏。
8
山红涧碧纷烂漫，
时见松枥皆十围。

9
当流赤足蹋涧石，
水声激激风吹衣。
10
人生如此自可乐，
岂必侷促为人鞿？
11
嗟哉吾党二三子，
安得至老不更归？

山石起伏不平，行人的小径显得很窄小。我在黄昏时到了寺院里，看见蝙蝠正在空中飞舞。我走到殿堂坐在阶石上，那时正好新雨初晴，芭蕉的叶子很大，栀子花也开得十分茂盛。

据寺里的和尚说，庙里墙壁上的佛像画得很好，我点起火把照看，果然是不可多见的佛像。后来和尚铺好床，拂净灰尘，备好了羹汤和饭菜给我吃，虽然是粗菜淡饭，也可以填饱我的饥肠。深夜时，我静静地卧在床上，连一点虫声也没有，清朗的月光，从山岭上映照到房门里来。

到了天亮时，我独自一人走出寺院，四周模糊也辨不出道路，上上下下都弥漫着烟雾。后来烟雾散尽，只见山花火红，涧水碧绿，山里一片鲜明烂漫；而且时常可见到有粗大的松树和枥树。我赤着脚，踏在涧石上，水急促地发着响声，风儿吹在我的衣襟上。

我想人生活在这种天地里，自然可以得到快乐，何必一定要受他人的束缚呢？唉！我那几个志同道合的朋友，怎么到老还不归隐呢？

◉激激：水急流声。

◉鞿：套在马口里的缰绳。表示为人所管束。此时韩愈正过着幕僚的生活，所以感到很不自由。

◉吾党二三子：指韩愈和志同道合的几个朋友。

此首描写山景的诗，以山石为题，只是取首句的二个字，并无深意。清方东树在《昭昧詹言》中评道：「不事雕琢，自见精采，真大家手笔。」

刘禹锡

七七二—八四二

刘禹锡，字梦得，彭城人。

唐德宗贞元九年中进士，曾任监察御史。

顺宗永贞元年，他参加了王叔文等进行的政治革新。革新失败后，被贬为朗州司马。元和十年，他被召还京都，写了玄都观看花诗，再次被贬至连州任刺史。以后做过夔州、和州、苏州刺史。

晚年又入朝任集贤殿学士、太子宾客，官至检校礼部尚书。因此世人称他为「刘宾客」，死时年七十一，著有《刘梦得文集》三十卷。

此为咏史的诗，刘禹锡到了成都的蜀先主庙，有感三国的史实而写。

◉英雄：指刘备。《蜀志・先主传》：「曹公从容谓先主曰：今天下英雄，惟使君与操耳。」

◉五铢钱：始铸于汉武帝，重五铢。

◉得相能开国：蜀先主传：「章武元年，以诸葛亮为丞相。」开国，指孔明「先取荆州为家，后即西川建基业，以成鼎足之势」的计策。

◉凄凉蜀故妓，来舞魏宫前：指刘禅乐不思蜀。裴松之注引汉晋春秋曰：「司马文王与禅宴，为之作故蜀妓，旁人皆为之感怆，而禅喜笑自若。」

蜀先主庙
1
天地英雄气，千秋尚凛然。
2
势分三足鼎，业复五铢钱。
3
得相能开国，生儿不像贤。

4
凄凉蜀故妓，来舞魏宫前。

天地间英雄的气概，到了千年以后，还是令人凛然敬畏的。当时魏蜀吴三国分立，因刘先主的功业，而恢复了汉代五铢钱的币制。他得到宰相诸葛亮的帮助，而奠立蜀汉的国基，可惜他的儿子，却不能像他一样贤能。最凄凉的是，那些蜀国以前的歌妓，后来还到魏国的宫殿前为刘禅献歌舞，刘禅却欢笑自如，乐不思蜀。

此首为怀古的诗。西塞山，在湖北大冶县东九十里，此地关于三国流传的故事甚多，这是咏王濬伐吴、复归统一的事。

◎王濬：西晋时任益州刺史，武帝谋伐吴，命濬修舟舰，作大船连舫，其上可驰马，舟棹之盛，自古未有。

◎千寻铁锁沉江底：吴人以千寻铁锁抗拒王濬之战舰，结果失败，事见《晋书·王濬传》。

◎一片降旛出石头：晋太康元年，吴兵败，吴王孙皓出降。降旛：降旗。石头城，即今南京市。

1
朱雀桥边野草花，
乌衣巷
2
乌衣巷口夕阳斜。
3
旧时王谢堂前燕，

4
飞入寻常百姓家。

朱雀桥旁边长满了野草闲花，乌衣巷口夕阳斜照。昔日王导和谢安两家厅堂前的燕子，如今都飞到普通的老百姓家里去了。

金陵秦淮河边的乌衣巷，原是东晋时豪门世族的居住之地，东晋宰相王导和谢安就住在这里。随着王朝更迭，时代变迁，从前的王侯府第成为百姓住宅。此首怀古之诗，为刘禹锡《金陵五题》之一。《金陵五题》为石头城、乌衣巷、台城、生公讲堂、江令宅等五首。

◉朱雀桥：六朝时都城南门外的桥。和乌衣巷相近，在今南京市。

◉乌衣巷：巷名，王导和谢安都住此巷，因其子弟喜穿乌衣，故名。《舆地纪胜》：「江南东路建康府乌衣巷，在秦淮南，去朱雀桥不远。」

春词
1
新妆宜面下朱楼，
2
深锁春光一院愁。
3
行到中庭数花朵，
4
蜻蜓飞上玉搔头。
化好妆后，容貌更加妩媚，她匆匆地走下楼来，只见宫门紧闭，深锁着一院的春光，怎能不生愁呢？她无聊地走到庭院当中数数花朵，这时恰巧有一只蜻蜓飞来，停在她头上的玉簪上。

此首宫怨诗，全诗枢纽在于一个「愁」字。

◉新妆宜面：指刚化好妆，脂粉匀称与面相宜。

◉深锁春光一院愁：指宫门深闭，锁住了一院的春光，怎能不愁呢？

◉玉搔头：即玉簪；女子的首饰。

这是一首代船家姑娘作的情歌。「东边日出西边雨」此句主要是利用双关语来写情的，这是民歌常用的手法。

竹枝词，是古代歌曲的一种，原为西南地区的民间歌谣，刘禹锡首先加以改编写成诗歌。

江边杨柳青青，江水很平静。忽然听到你在江上的唱歌声。东边出太阳，西边却下着雨，这到底是「有情（晴）」呢？还是「无情（晴）」？

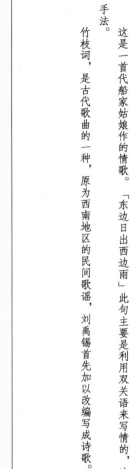

白居易，字乐天，号香山居士，下邽人。唐德宗贞元时进士。曾任翰林学士、左拾遗等职。因上书言事获罪，被贬为江州司马。后来又到杭州、苏州等地当刺史。晚年回朝做刑部尚书。

他的诗通俗易懂，艺术成就很高，受到广大的人民喜爱和传诵。著有《白氏长庆集》七十一卷。《唐书》、《新唐书》均有传。

白居易

七七二—八四六

1
离离原上草，一岁一枯荣。
赋得古原草送别
2
野火烧不尽，春风吹又生。
3
远芳侵古道，晴翠接荒城。

4
又送王孙去，萋萋满别情。

平地上茂盛的青草，每年总会枯萎一回，又再度茂盛起来。野火也无法把它烧尽的，只要春风一吹，它便再生出来。芳草蔓延到远方古旧的道路上，在天晴时，可见青绿的草色和荒城相连接。现在我又要送你远行，茂盛的草木，也都带着惜别之情！

这首诗为白居易十六岁时所写的诗。他到长安来找顾况，顾况是贞元年间的名诗人，看到白居易的名字，讥谑道：「长安百物皆贵，居大不易。」后读了白的「野火烧不尽，春风吹又生」的句子，才感叹：「有句如此，居天下亦不难，老夫前言戏之耳。」

◉离离：犹历历。《诗经》王风黍离：「彼黍离离。」

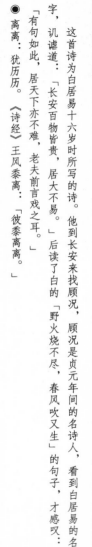

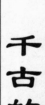

元和十年，白居易被贬为汀州司马，时年四十四岁。因怀念分散各处的诸兄及弟妹，因作此诗。

◉ 九秋蓬：秋天共九十天，所以称九秋。蓬，指蓬草。

◉ 五处：即诗题所言：白居易的大哥白幼文，在浮梁县任主簿。浮梁，在今江西浮梁县。七兄，是白居易的从兄弟，在于潜，今浙江省于潜县。十五兄，是居易的从祖兄弟，在乌江县任主簿。乌江，在今安徽和县东北。符离，在今安徽宿县。下邽，是白居易的家乡，在今陕西渭南县东北。

自河南经乱，关内阻饥，兄弟离散，各在一处，因望月有感，聊书所怀，寄上浮梁大兄，于潜七兄，乌江十五兄，兼示符离及下邽弟妹。
1
时难年饥世业空，
弟兄羁旅各西东。
2
田园寥落干戈后，
骨肉流离道路中。
3
吊影分为千里雁，
辞根散作九秋蓬。
4
共看明月应垂泪，
一夜乡心五处同。

时势艰难，又逢饥荒，祖业都已空无所有。兄弟流离在外，各奔东西。战后，故乡的田园都已荒废，连骨肉至亲，都逃散在异乡的道路上。我看着自己的影子，好像是失群在千里外的孤雁。我离开家乡，就好像成了秋天的蓬草，飞散四处。我和你们共望着天上的明月时，应该会淌下泪来吧，今夜，虽然我们彼此分散在五处，而思乡的心情应是相同的。

1
绿螘新醅酒，
问刘十九
2
红泥小火炉。
3
晚来天欲雪，
4
能饮一杯无？

我这里有一种上浮着泡沫新酿成而未曾滤过的酒，用红泥做成的小火炉慢慢地煨着。现在天气很冷，到了晚上大概会下雪，您是否能到我这里来喝一杯呢？

用此首诗当作请柬，白居易请朋友刘十九前来赏雪饮酒。蘅塘退士评曰：「信手拈来，都成妙谛，诗家三昧，如是如是。」

◉绿螘：绿螘、绿蚁，皆酒名。螘，与蚁同。在此指浮在酒上的泡沫。

◉醅：未过滤的酒。

这是一首宫怨的诗。诗中所用之词，不直说幽怨，而幽怨已充满在字里行间。

◉按歌声：依照节拍所唱的歌声。

◉薰笼：覆盖薰香的竹笼，用以薰衣服。

后宫词
1
泪湿罗巾梦不成，
2
夜深前殿按歌声。
3
红颜未老恩先断，
4
斜倚薰笼坐到明。

午夜梦回，不禁泪湿罗巾，再也无法成眠了。在这深夜里，犹听到前殿的歌声。容颜未尝老去，但君王的恩爱已绝，想到这些，不觉斜依薰笼直坐到天明。

放鱼诗
1
晓日提竹篮，
家僮买春蔬；
2
青青芹蕨下，
叠卧双白鱼；
3
无声但呀呀，
以气相煦濡。
4
倾篮写地上，
拨刺长尺余。

●蕨：隐花植物，春初出嫩叶可食。

●呀呀：张口。

●煦濡：吹沫润干涸也。

●写：倾置果物。

●拨刺：鱼跳貌。

◉机：与几通。
◉蝼蚁：蝼蛄和蚂蚁。
◉苏：死而复生也。
◉幸：侥幸。

5
岂惟刀机忧，坐见蝼蚁图。
6
离水虽已久，得水犹可苏。
7
放之小池中，且用救干枯。
8
水小池窄狭，动尾触四隅，
9
一时幸苟活，久远将何如？

◉踟蹰：裹足不前。

◉斯人徒：谓此辈人也。

◉觅明珠：《三秦记》：「昔有人钓鱼，纶绝而去，鱼遂通梦于汉武帝求去钩，帝明日游于池，见大鱼，啣索取而放之，间三日池边得明珠一双，帝曰岂非鱼之报也。」

10
怜其不得所，
移放于南湖。

11
南湖连西江，
好去勿踟蹰，

12
施恩即望报，
吾非斯人徒，

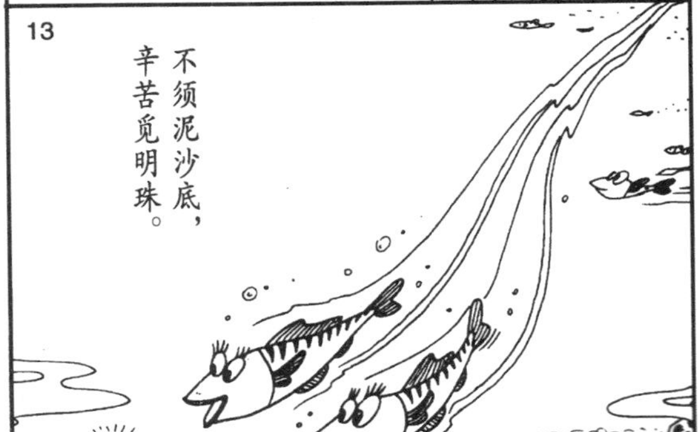
13
不须泥沙底，
辛苦觅明珠。

一天早晨，家僮提了竹篮，买蔬菜回来；碧绿的芹菜蕨菜下面，有两尾白鱼，重叠地卧着；没有声音，口是不停地开合，吹出气和细泡，维持着残余的生命。把篮中的东西倒在地上，只见两鱼乱跳，约有一尺多长，不但有刀俎的忧愁，就是地上的蚂蚁，也要来侵害它了。离开了水虽已好久，可是得了水，还可活命，急忙放在小池里，且救它的干枯；不过水浅池狭，尾巴四面碰住。一时固可苟安偷活的，为长久计，应当怎样呢？因怜它不得其所，便移放在南湖，南湖是和西江相连的，鱼呀！你好好的去罢！不要迟疑了，我不是施恩望报的人，你也不要到泥沙中去，衔明珠来报恩啊！

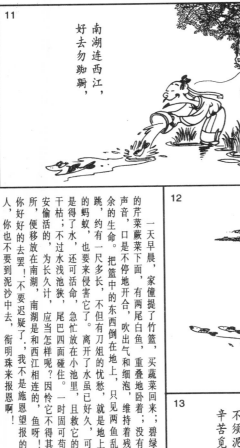

李绅，字公垂，润州无锡（今江苏省）人。唐宪宗元和元年（八〇六）进士。曾因触怒权贵下狱，武宗时，官至宰相，早年曾积极参加新乐府运动。历来为人们所传诵的《古风》诗，就是他年轻时的作品。

李绅

七七二—八四六

农夫在烈日当空的正午，在田里耕种，汗都滴落到稻田里。谁曾经想到盘碗中的米饭，每一粒都是农人们辛苦劳动才得来的啊！

这首诗是向来受人传诵的。这不是单纯地教人爱惜粮食，还叫人记住粮食是经过辛勤的劳动得来的。古风，就是古诗。这是与唐代兴起的「近体诗」（格律诗）相对而言。

善寺

千古的绝唱

在封建社会中，有时并非收成不好，也不是田地荒芜不用，但农民却仍旧会饿死，这是为什么呢？是不是被地主阶级压迫剥削了农民的利益呢？作者在此诗中提出了这个问题。

● 四海：指全中国。
● 犹：还要。

古风其二

1
春种一粒粟，

2
秋收万颗子；

3
四海无闲田，

4
留下一点给我糊口吧！

不行！

农夫犹饿死！

春天时种下一粒粟，到了秋天就可收成万颗粟子；天下间的田地也没有荒废休耕，但农民却还要饿死！

柳宗元

七七三—八一九

柳宗元，字子厚，河东解县人。

二十一岁登博学鸿词科，有才名，三十岁时，任监察御史。顺宗元年，王叔文当政，举荐他为礼部员外郎，并参与王叔文集团革新政治活动。顺宗崩驾，宪宗即位，政局骤变，被贬为永州司马，后又出任柳州刺史。元和十四年死于柳州，后来刘禹锡将他的遗稿编为四十五卷，题为《柳先生文集》。

他是唐代杰出的文学家和思想家，尤其是他的山水游记和寓言小品，堪称双绝。

他的诗清新峭拔，以描写自然景物见长。

此诗是柳宗元写清晨到达「超师院」读禅经有感而作。

《全唐诗》在禅字下注云：「一作莲」则莲经当指妙法莲华经。《酉阳杂俎》云：「大兴善寺素和尚转法华经三万七千部，有僧题诗云：『三万莲经三十春，半生不踏院尘门。』」禅经，泛指佛经。

◉ 贝叶书：即佛经，又称贝叶经。古时西域无纸，多用贝多罗叶书写佛经，故名。李商隐《安国大师》诗：「忆奉莲花座，兼闻贝叶经。」

◉ 遗言：指佛经中的微言大义。遗，《全唐诗》下注：「一作遣。」

5
道人庭宇静，
苔色连深竹。

6
日出雾露余，
青松如膏沐。

7
澹然离言说，
悟悦心自足。

我打些井水来漱口，然后拂去衣上的尘垢，内外洁净，可以清心。闲暇时捧着佛经，走到东斋来诵读。

我才明白，人生大道的本源，世人不认识，了无可取；虚妄怪诞的行迹，反为世人所追逐。从禅经中所说的微言大义，我希望能获得契悟，这种修治本性的功夫，我何从到达完美的境地呢？

这位道人所居的庭院很清静，草色连接着深深的竹林；太阳出来了，薄雾和露水还没散尽，青松仿佛被膏沐洗栉一番。面对这种景象，心境恬静，不需用言语来表达，便能心领神悟，内心感到十分喜悦与满足。

◉膏沐：妇人用以泽发者。

◉澹然离言说：澹，一作淡。说，《全唐诗注》：「一作语」，言心境恬静，不需用言语来表达。

此诗题作溪居，盖指永州愚溪而言，乃作者被贬到南方以后，因领悟到人世的险恶，而有超然出尘之想，所以借题发挥，实有归隐山林之志。

清沈德潜《唐诗别裁》云：「愚溪诸咏，处运蹇困厄之际，发清夷淡泊之音，不怨而怨，怨而不怨，行间言外，时或遇之。」

◉ 榜：进船也。《全唐诗注》：「一作塝。」章燮本作傍。

溪居
1
久为簪组累，
幸此南夷谪。
2
闲依农圃邻，
偶似山林客。
3
晓耕翻露草，
夜榜响溪石。
4
来往不逢人，
长歌楚天碧。
我久为公务所束缚，现在有幸能谪居到南方来。我悠闲地和农田为邻，颇像山林中的隐士。早晨翻起带着露水的草儿，夜里撑着船在溪水中荡漾，船篙激响了溪石，发出轻脆的声音。平时来来往往的，难得碰上一个人，我独自长歌悠闲逍遥地望着碧蓝的天空。

这是首渔歌，写的是渔夫的生活，简短优美。明王文禄《诗的》一书中，评此诗为「气清而飘逸」。

◉湘：湘江，现在湖南省。

◉楚：指今湖南湖北等省，古代时曾为楚国的领土。

◉欸乃：行船摇橹之声。《御制词谱》云：「欸乃之声，或如唐人唱歌和声，所谓号头者，盖逆而上，棹船劝力之声也。」

渔翁
1
渔翁夜傍西岩宿，
晓汲清湘燃楚竹。
2
烟销日出不见人，
3
欸乃一声山水绿。

4
回看天际下中流，
岩上无心云相逐。

在夜里渔翁靠着河西边的岩石歇宿，到了天亮后，他汲取了澄清的湘水，用楚竹来烹茶。等到烟雾消散，太阳升起时，依然看不到一个人影，只听到一声摇船的橹声，山和水都碧绿地相映着。回头看看，好像从天边一直奔流而下。那岩石上的云，却在那里无心地相互追逐。

柳宗元于宪宗元和十年（八一五），出任柳州刺史，初到任，登柳州（今广西柳城县西）城楼，因感念诸友谪居百越诸地，而赋此诗以寄赠。

◎漳汀封连四州刺史：指漳州刺史韩泰、汀州刺史韩晔、封州刺史陈谏、连州刺史刘禹锡。他们曾和柳宗元一起参与以王叔文为首的政治革新运动，失败后，同遭贬谪。

◎薜荔：植物名，又名木莲，香草之一种。《离骚》：「贯薜荔之落蕊。」

登柳州城楼寄漳汀封连四州刺史
1
城上高楼接大荒，海天愁思正茫茫。
2
惊风乱飐芙蓉水，密雨斜侵薜荔墙。
3
岭树重遮千里目，江流曲似九回肠。
4
共来百越文身地，犹自音书滞一乡。
从柳州城楼望去，接连着一片广阔的原野。我望着远处海天相连的地方，心中正升起一股茫茫的思愁。狂风吹动了湖水中的芙蓉花。密雨斜打在蔓延着薜荔的墙上。山岭间的树丛，重重地遮蔽了我远望千里的视线；弯曲的江流，好像回肠九转一般。我和你们同到这落后的南蛮地方来，虽然彼此很近，然而各在一方，音书仍然隔断不易通达！

江雪
1
千山鸟飞绝，
2
万径人踪灭。
3
孤舟蓑笠翁，

4
独钓寒江雪。

在这大雪天里，重山里的飞鸟都已绝迹，所有的路上，也不见行人的踪迹。只见一只孤零零的小船里，有一个穿蓑衣戴笠帽的渔翁，独自在飘着雪的寒江上钓鱼。

此诗是柳宗元被贬到柳州时所作。

诗中用了典型概括的手法，画出了一幅天寒地冻、人鸟绝迹的图景；并将自己比拟为寒江独钓的渔翁，置身于这一典型的环境中。如此，诗人坚贞不屈的品格和孤独无援的心情，便表现得淋漓尽致了。

元稹

七七九—八三一

元稹，字微之，河南人。由于排行第九，友辈都唤他元九。

唐宪宗时，曾任监察御史，和太监及旧官僚进行斗争，因而降职为通州司马。他的诗较深刻地反映了当时的社会现实生活，也非常细腻地抒写了家庭朋友之间的真挚感情。他和白居易是好朋友，两人的文学观点相同，诗的风格也相近，称为元和体，著有《元氏长庆集》。

遣悲怀共有三首，俱是悼亡妻的诗，约作于元和五年左右。唐范摅云《溪友议》：「元公初娶京兆韦氏，字蕙丛，官未达而苦贫。继室河东裴氏，字柔之，二夫人俱有才思，时彦以为佳偶。初韦蕙丛卒，不胜其悲，为诗悼之。」

◉谢公最小偏怜女：谢道蕴，谢奕（即谢公）的女儿，王凝的妻子，聪识有才辩。晋代王谢两家为豪门高第，此句诗是赞美自己妻子出身高贵。

◉黔娄：春秋时齐国的高士，家贫，不求仕进，有高节。

遣悲怀其一
1
谢公最小偏怜女，
自嫁黔娄百事乖。
2
顾我无衣搜荩箧，
泥他沽酒拔金钗。
3
野蔬充膳甘长藿，
落叶添薪仰古槐。

4
今日俸钱过十万，
与君营奠复营斋。

你这位谢公最偏爱的小女儿，自从嫁给我这个像黔娄一样的穷人后，样样事情都不能称心如意。有时见我没有衣服穿，便从箱子里去找出来；看我没钱买酒，你便把头上的金钗拔下来，要我拿它去换酒。因为家贫，只能采些野菜做饭吃；连最粗劣的豆叶，也甘之如饴。你用落叶当做柴烧，还时常仰头望着古槐，希望它掉些叶子来。现在我做了官，所得的俸钱已过十万，但是你已亡故，不能与我同享富贵；我只能为你设奠祭祀，聊表我的一点情谊。

遣悲怀其二
1
昔日戏言身后事，今朝都到眼前来。
2
衣裳已施行看尽，
3
针线犹存未忍开。
4
尚想旧情怜婢仆，也曾因梦送钱财。

5
诚知此恨人人有，贫贱夫妻百事哀。

从前我和你开玩笑说些死后的事情，现在都在眼前应验了。你遗下的衣服，我几乎都已经布施给别人了，只有那些你生前做的针线还留存着，我怕看见了会伤心，所以不忍把它打开来。我因惦念着旧时夫妇的深情，而更怜惜你身边的婢仆。有时也因梦见你，而情不自禁地烧些冥钱给你。我知道这种遗憾是人人都有的，那就是贫贱的夫妻，样样事情都不能顺遂。

章燮评此诗：「此从死后咏到生前，留言遗物，真情幻变，一一抽出，何等悲怀。」又引蘅塘退士说：「古今悼亡诗充栋，终无能出此范围者，勿以浅近忽之。」

◉身后事：一作「身后意」，指人死后的事。

◉行看：眼看就要的意思。

◉邓攸无子寻知命：邓攸，西晋人。《晋书》邓攸传：「攸，字伯通，为河东太守，永嘉末，遇石勒之乱，以牛马负妻子而逃，遇贼掠其牛马，步走担其儿及其弟之子绥，度不能两全，乃谓其妻曰：『吾弟早亡，惟有一息（即一子），理不可绝止，应自弃我儿耳。』妻泣而从之，乃弃之而去，卒以无嗣，时人义而哀之，为之语曰：『天道无知，使邓伯通无儿。』」

1
遣悲怀其三
闲坐悲君亦自悲，百年都是几多时？
2
邓攸无子寻知命，潘岳悼亡犹费词。
3
同穴窅冥何所望？他生缘会更难期。

4
惟将终夜长开眼，报答平生未展眉。

我闲坐着，一面为你悲伤，同时也替自己悲伤。人生虽有百年，但百年能有多少时候呢？晋朝的邓攸没有子嗣，他知道这是命中注定的；潘岳在丧妻之后，做了三首悼亡诗，但人已死去，再悲哀凄恻的辞藻也是多余的。我死后将和你埋在一起，然而到那时候彼此已杳渺无知，还能希望些什么呢？至于在来世因缘会合，更是难以预期了。现在我只有整夜不合眼地思念着你，来报答你生前愁眉不展的愁怨吧。

1
行宫
寥落古行宫，
2
宫花寂寞红。
3
白头宫女在，

4
闲坐说玄宗。

冷清的行宫里，只有宫花依旧开放，却含有凄凉的景象。这宫里还有几位头发已白的宫女，她们空闲时还常谈论当年唐明皇的事情。

此为咏史的诗。借「行宫」为题，来咏唐玄宗的盛事。明瞿佑《归田诗话》：「乐天《长恨歌》，凡一百二十句，读者不觉其长；元微之《行宫》诗，才四句，读者不觉其短，文章之妙也。」

◉行宫：古时在京城以外供帝王出行时所居之处。

◉玄宗：即李隆基，世称唐明皇。

贾島

七七九—八四三

贾岛字阆仙，范阳人。他早年做和尚，法号无本，后来还俗。几次考进士都没考中。唐文宗时做过遂州长江主簿等小官。他的诗以清奇凄苦闻名，大都是写自然景物和闲居情致，作诗刻苦求工，诗风清淡朴素。

当时的大文豪韩愈非常欣赏他的诗，贾岛的诗风格和孟郊相近，从前人有「郊寒岛瘦」的评语。

这是一首寻访友人的诗。章燮注云：「此诗一问一答，四句开合变化，令人莫测。」

◉隐者：古代隐居在山林中的人，多半是失意的知识分子。

◉童子：指隐者的弟子。

◉言：告诉说。

我到山里寻访一位隐居的朋友，走到松树下问那位小孩，他说：「老师已经出去采药了，就在这座山里，可是山里云雾深密，不晓得他究竟在哪里。」

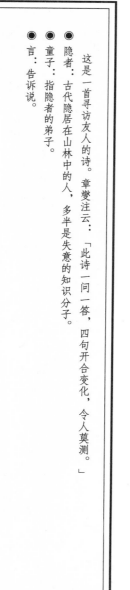

十年磨一剑，
剑客
霜刃未曾试。
今日把示君，

谁有不平事？

十年的苦练，剑刃锋利却没有机会展现功夫。今天把剑给你瞧瞧，看谁有不平事，我来替他摆平！

此首诗写剑客着眼于剑客的精神，立意甚高。同时也比喻自己多年来努力磨砺，今渴望为世所用，以除天下不平之事。

◉霜刃：形容剑刃锋利，寒光闪闪。

◉把示君：把剑给你看看。

◉不平事：指不合乎正义的事。

《全唐诗话》载云：「晋公（裴）度初立第于街西兴化里，凿池种竹，起台榭。岛方下第，或以为执政恶之，故不在选，怨愤题诗曰：『破却千家，……』皆恶其不逊。」

◉池：园林的别称。

◉不栽桃李种蔷薇：《韩诗外传》：「子质仕魏文侯，获罪而北游。谓简主曰：『吾所树堂上之士半，朝廷之大夫半，边境之人亦半。今堂之人恶我于君，朝廷之士危我于法，边境之人劫我矣！』简主曰：『夫春树桃李，夏得荫其下，秋得食其实；春树蒺藜，夏不得采其叶，秋得其刺焉。今子所树，非其人子。』」

题兴化寺园亭
1
破却千家作一池，
2
不栽桃李种蔷薇。
3
蔷薇花落秋风起，
4
荆棘满亭君自知。
为了兴建这座池亭花园，不知聚敛了多少财物，使多少人倾家荡产啊！园中不种桃李种蔷薇，秋天一到，蔷薇凋落剩下的只是无数尖刺罢了。

李贺

七九〇—八一六

李贺字长吉，唐朝贵族郑王的后代，出生在昌谷，传说他七岁就会作诗。他的诗神秘幽绝，想像力很丰富，浪漫主义的色彩非常浓厚，在唐诗中别创一格，并喜用奇特字句来表达诗意，可惜只活了二十七岁。后世人尊称他为「诗鬼」。

◉《马诗》：李贺共写了二十三首《马诗》，是以马为题的咏物诗，借着马发挥诗人的喜怒哀乐，与对社会人生的杂感。

◉房星：古代传说天上代表马的星宿，属二十八宿之一，称作「房星」。

◉瘦骨：骏马一般偏瘦不肥。杜甫曾写过：「胡马大宛名，锋崚瘦骨成。」

◉铜声：形容马的骨格健劲，有如铁打铜铸。

这匹马不是人间的马，它是天上的星宿——「房星」下凡来。上前敲敲它瘦劲的骨头，嘿！竟然还会发出金铜音呢！

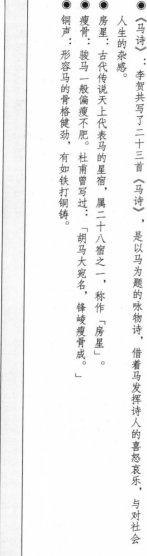

双重腰带像燕尾翩翩，
腰间挎的似鱼肠宝剑。
你想寻求日行千里的快马，
首先应从它眼中的光彩去认辨！

◉重围如燕尾：腰带双重，末端分叉如燕尾。

◉鱼肠：古代宝剑名。《吴越春秋》里曾记载：「吴王得越所献宝剑三枚，一曰鱼肠。」鱼肠剑指剑上的纹理如鱼肠，是极为锋利的宝剑。此二句形容武士。

◉先采眼中光：采，采选。眼中光，古人认为马眼中要五彩尽具才是良马。这五彩包括赤、青、黄、白、黑五种光彩。

◉香襆赭罗新：襆音fú。香襆指香罗帕，平时覆着在马鞍上，骑乘时取下。赭，红褐色。此句指芳香、簇新的赭红罗帕覆着在马鞍上。

◉盘龙蹙镫鳞：指盘龙在脚镫上盘绕，玲珑浮凸的模样。

◉谁道不逢春：形容达官贵人的宠马得意洋洋的心态。

马诗之三
1
香襆赭罗新，
2
盘龙蹙镫鳞。
3
回看南陌上，

4
谁道不逢春。

鞍上赭红罗帕喷香、簇新。镫上镂刻着盘龙，鳞甲如生。走在南陌上，它昂首四顾；谁说它没遇上春天啊？

马诗之四
1
武帝爱神仙，
仙
仙！
2
烧金得紫烟。
3
厩中皆肉马，
4
不解上青天。
载我飞上天！
跑都跑不动，还能飞吗？
汉武帝梦想成仙，着迷了。烧掉黄金得到的只是一缕紫烟……马厩里养的全是浑身肥肉的劣马，别指望它们能上青天去啊！

◉武：汉武帝刘彻，颇好神仙之道。

◉烧金：炼金，古代武士以此敛财。

◉肉马：指凡间的马。

追和柳恽
1
汀洲白蘋草，
柳恽乘马归。
2
江头楂树香，
岸上蝴蝶飞。
3
酒杯箬叶露，
玉轸蜀桐虚。

4
朱楼通水陌，
沙暖一双鱼。

汀洲上，蘋草花开，一片雪白。柳恽骑着马回来了。江岸上，山楂树摇荡着清香，蝴蝶儿捉对的飞翔。酒杯斟满了箬叶露！玉琴拨响了，它沉默得可真久呢！朱楼下的水道，一双鱼儿正游在缓缓的沙底……

◉追和：两人或数人用同一题目，或同一韵脚写，事后参与唱和。

◉柳恽：恽音yùn。南北朝人，字文畅，河东解人。

◉汀洲：河中沙洲，此处指浙江省吴兴东南方的沙洲。

◉白蘋草：蘋叶正四方，中拆如十字，根生水底，叶敷水上，五月有花白色。

◉柳恽乘马归：柳恽曾为广州刺史，后复为吴兴太守。此诗当为其归吴兴时作。

◉楂：山楂，落叶灌木。

◉箬叶露：吴兴产的一种美酒，又称箬下酒。箬溪在湖州长兴县南五十步，村人取下箬水酿酒，俗称箬下酒。

◉蜀桐：指琴身。

◉虚：琴久已虚设，指柳恽善于弹琴。

◉通水陌：指朱楼依水而建，而且跨于水上。

◉桐风：秋风。
◉壮士：心怀壮志之人。
◉衰灯：昏暗微弱的灯火。
◉络纬：秋虫，俗称纺织娘。
◉寒素：指秋天。
◉青简：竹简，古人用来书写。
◉花虫：蛀书虫，又名蠹虫。蠹，蛀虫。
◉肠应直：犹如肠应断，痛苦之至。
◉香魂：著书的古人。
◉吊：相依相伴。
◉书客：读书人。
◉鲍家诗：指鲍照的《代蒿里行》，诗中用死者的口吻叙述对人生的恋慕和对死亡的怨恨。
◉土中碧：典故出自《庄子》：「苌弘死于蜀，藏其血，三年，化为碧。」

秋来
1
桐风惊心壮士苦，
衰灯络纬啼寒素。
2
谁看青简一编书，
不遣花虫粉空蠹？
3
思牵今夜肠应直，
雨冷香魂吊书客。

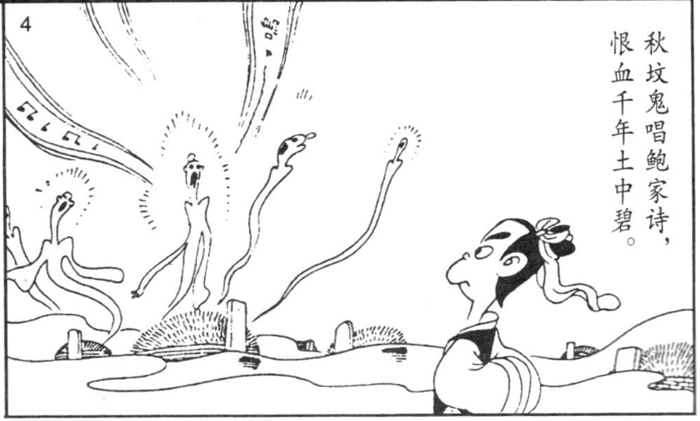
4
秋坟鬼唱鲍家诗，
恨血千年土中碧。

风吹梧桐，壮士心中满溢着悲苦。昏灯，纺织娘不停地啼叫在万森的秋月。像「青简」这编书不是终究被花虫蛀蚀得变成粉？

这思想牵系着我，今夜我真痛苦极了！冷雨、幽魂伴着我这孤独的读书人。他们在秋坟上惆怅地吟唱鲍照的《代蒿里行》。恨血化作碧玉，永远埋在土中不能消灭。

◉《南园》：这是李贺在家乡的南园闲居时，随手写下的一组诗，或写景或抒情，共有十三首。

◉眼中开：眼前一切的花朵都皆开了。

◉小白长红：小朵如星的白花与连片成丛的红花。

◉嫣香：娇艳芳香的花朵。

南园之一
1
花枝草蔓眼中开，
2
小白长红越女腮。
3
可怜日暮嫣香落，

花儿盛开在枝头、草蔓中……白花红花嫩丽得像江浙姑娘的笑颜。可惜到了黄昏，花儿都凋落了，嫁随春风，连媒婆都不用了。

4
嫁与春风不用媒。

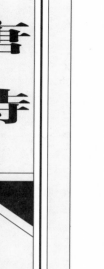

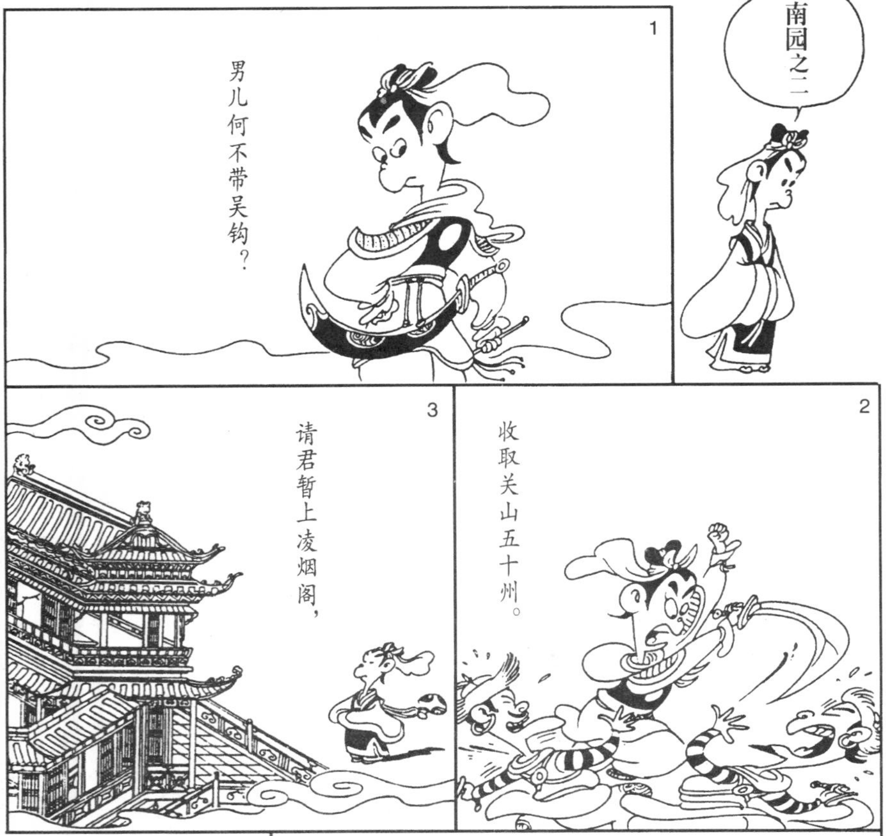

男子汉当挎上锋利的吴钩，到关山杀敌去收复河东五十州。请你到凌烟阁上去瞧瞧，又有哪个书生被册封为万户侯的？

◉吴钩：古代吴地出产的一种弯刀。据说吴王阖庐极爱宝剑，曾命国人制作金钩，并下令：「能为善钩者赏之百金。」有个人贪图赏金，杀掉自己儿子，以血铸金，制成二把金钩，献给阖庐。

◉关山五十州：指当时黄河中下游为藩镇割据的广大地区。

◉凌烟阁：唐代皇宫中悬挂功臣画像的地方。

◉万户侯：爵位名，食邑万户。

◉寻章摘句：指写作。

◉雕虫：指琐屑的小手艺。

◉玉弓：指月弯如弓。

◉辽海：指辽东半岛，边塞之地，是武士立功之处。

◉哭秋风：悲秋。宋玉有「悲哉秋之为气也，萧瑟兮草木摇落而变衰」之句。这里用宋玉作比喻，即便才如宋玉，此时也无可奈何。

南园之三
1
寻章摘句老雕虫，
2
晓月当帘挂玉弓。
3
不见年年辽海上，

4
文章何处哭秋风。

当了一辈子诗人有什么用处啊？帘外的向晓残月像玉弓挂在天空。难道没看见吗？要建功立业就应到辽海上；这些呜咽悲秋的文章能搁在哪里？

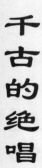

◉仙人：指隐士，在此暗含讽刺。

◉翻翻：飞动貌，指风度翩翩。

◉白鸾尾：用白鸾鸟的尾巴作成的扫帚。古人认为鸾是祥瑞之鸟，颜色五彩而多紫，青色比较重的叫青鸾，白色比较多的叫白鸾。用鸾尾作成的扫帚，可以扫云。

◉南山：指终南山。古人仕宦之捷径。

◉寒涧：寒冷的山涧，形容隐士生活清苦。

◉清海：清静的海，形容隐士生活闲适。

◉桃花春：桃花指传说中的王母仙桃。据说王母仙桃三千年开一次花，三千年生一个果。春指花开烂漫。

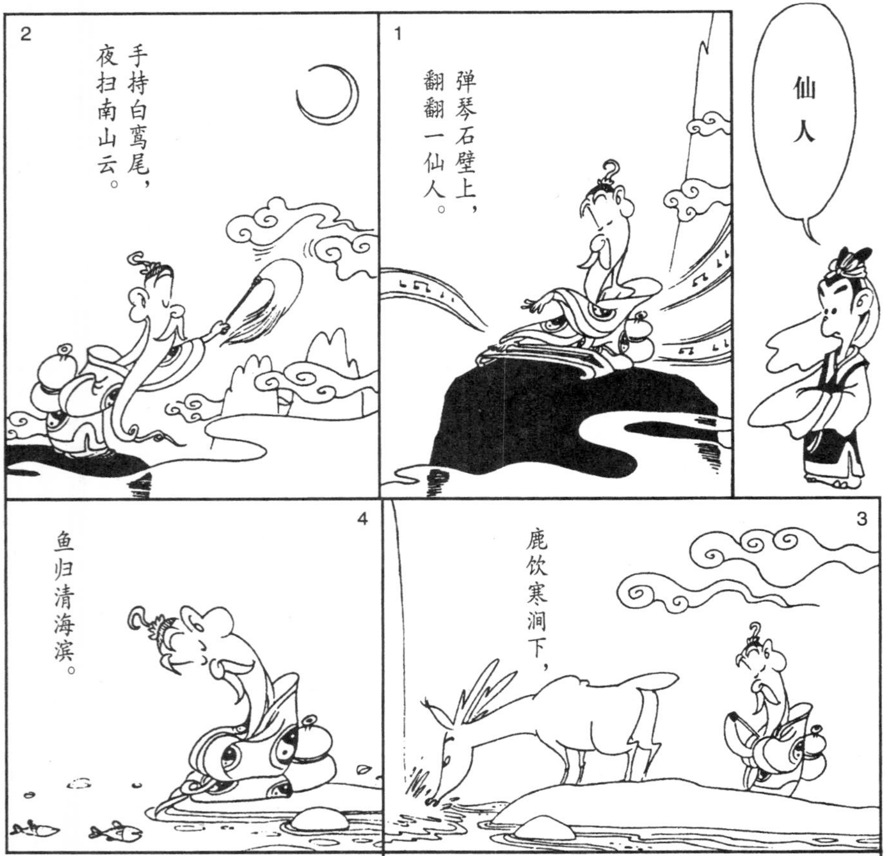

风度翩翩的仙人坐在石壁上弹着琴，夜里他用白鸾尾拂尘清扫南山的浮云。犹如鹿饮着冰冷的涧水……犹如鱼回到安静的海滨……汉武帝求仙时，他也曾上书报告仙桃开花的喜讯。

◉春云热：指春天将过，气温逐渐升高。

◉龟甲屏风：一种玉质屏风，上有龟甲纹路的图案。

◉醉眼缬：指用「醉眼缬」编织而成的发网。缬是系，古人染色之方法。先将绳线绑好再染色，染后将结打开，打结的地方仍为原色，其他的都被染色，看起来斑斓缤纷。醉眼缬是其中的一种花样。

◉东家蝴蝶西家飞：指少妇的丈夫冶游未归。

◉白骑：骑白马。

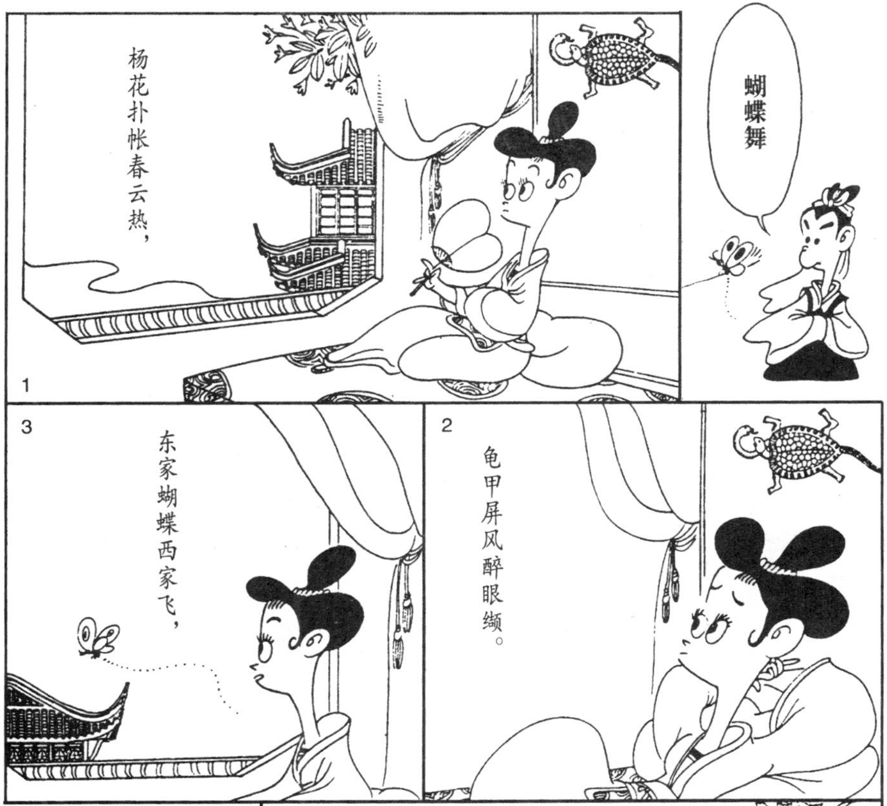

春天将逝，杨花扑洒在帐幔上，云儿变得暖烘烘的。她梳着醉眼缬发形，倚凭在龟甲图案屏风思量；东家的蝴蝶偏爱飞到西家去，啊！骑着白马的人儿，今天该回来了吧？

李凭箜篌引
吴丝蜀桐张高秋，
空白凝云颓不流。
湘娥啼竹素女愁，
李凭中国弹箜篌。
昆山玉碎凤凰叫，
芙蓉泣露香兰笑。

◉李凭：梨园子弟，当时弹箜篌的名手。

◉《箜篌引》：古乐府曲调名。

◉吴丝蜀桐：指箜篌。吴丝指用江浙产的蚕丝所作的琴弦。蜀桐是用四川产的梧桐木作的琴身。

◉张：调理好弦线，等待弹奏。

◉颓不流：指浓云低垂，欲雨未雨的情景。

◉湘娥啼竹：湘水女神悲伤哭泣。

◉素女：古代传说中善弹瑟的神女。

◉箜篌：即竖琴，体积稍小。

◉昆山玉碎：昆仑山产的玉被敲裂，形容乐声清越。

◉凤凰：形容箜篌之声如凤凰鸣叫。

◉香兰笑：香兰花开，形容乐声感动草木。

◉十二门：长安城四周的城门。
◉融：光亮。
◉冷光：指月光。此句指云散月出。
◉紫皇：道家所说的天帝。此句指琴声感动了紫皇，而引起天空的变化。
◉女娲：古代传说中创造人类的祖先，曾以五色石补天。
◉逗：留住。此句指受了感动的紫皇停住秋雨，而没有从天上裂口倾泻而下。
◉神妪：神仙老妇。出自《搜神记》：「永嘉中，有神见衮州，自称樊道基。有妪号成夫人，夫人好音乐，能弹箜篌，闻人弦歌，辄便起舞。」

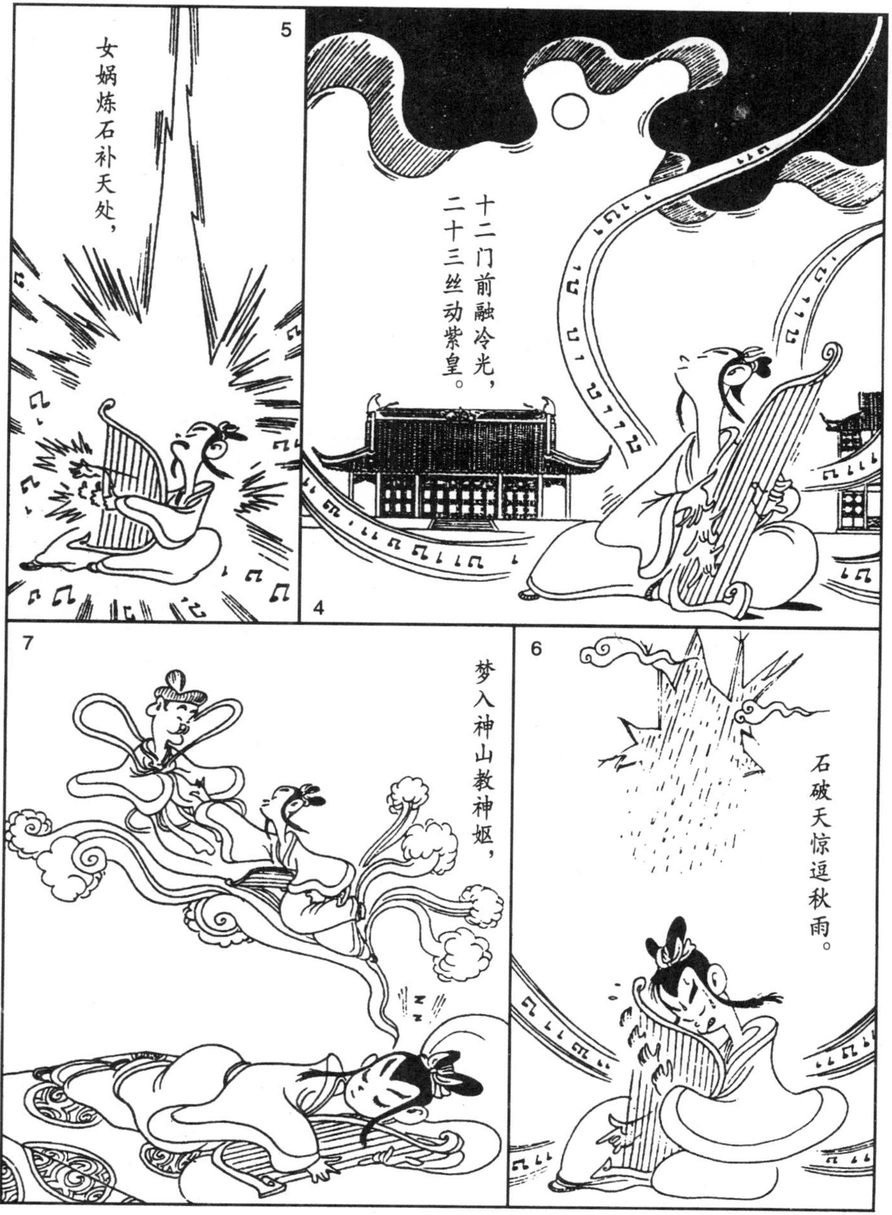
4
十二门前融冷光，
二十三丝动紫皇。
5
女娲炼石补天处，
6
石破天惊逗秋雨。
7
梦入神山教神妪，

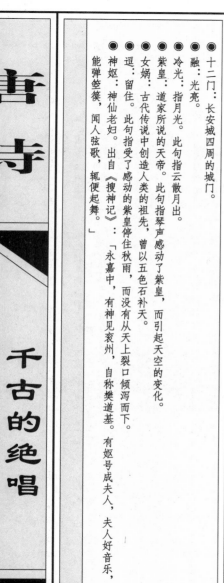

8

老鱼跳波瘦蛟舞。

9

吴质不眠倚桂树，
露脚斜飞湿寒兔。

吴丝蜀桐的竖琴揭开了深秋夜晚的序幕，浓云凝聚在低空中，一动也不动……湘娥泪染斑竹，素女含愁默默；李凭弹起了竖琴，琴音响彻京城的夜空。像昆山玉碎般的清脆；凤鸟婉转般的悠扬，又像芙蓉瓣上抖颤着晶莹的泪珠；香兰丛中迸开了无声的欢笑。云散了，十二门前照射着明亮冷冽的月光……云散了，二十三根丝弦感动了天上的紫皇。在那女娲炼石修补的天穹，石破天惊地喷涌下秋雨，被留止在半空。梦中李凭进入仙山，教神妪弹琴，老鱼乐得在波浪上跳跃，瘦蛟在旁边伴舞。京城甜睡，月亮通宵都很亮，直到晓露斜飞着，打湿了它那寒冷的光轮。

◉蛟：蛟龙。典故出自《列子》：「瓠巴鼓琴而鸟舞鱼跃。」意在赞赏李凭的技艺。

◉吴质：应为吴刚。此句指月亮通宵明亮。

◉露脚：露点，指晓露。

◉寒兔：月亮。

杜牧

八〇三—八五二

杜牧，字牧之，京兆万年人。他出身于书香世家，祖父杜佑是有名的历史家。

二十六岁时进士及第，曾经做过弘文馆校书郎，黄州、睦州、湖州刺史和中书舍人等职。

杜牧是晚唐时期重要的诗人，他处在唐代国势日蹙而自己又感于怀才不遇，作品中常产生忧伤的情绪。

著有《樊川文集》二十卷传于世，后人为了拿他和杜甫区别起见，称他为「小杜」。

我在旅馆中，因没有良伴，只好独自凝思。在凄冷的灯光下回忆往事，忽听得孤雁的哀鸣，惊醒了我的愁眠。我在梦中回到了遥远的家乡，醒来时已将天亮，犹记家信寄到这里时，已经隔了一年。看那苍茫的大江中，烟雾迷蒙，月光洒照，在这旅馆的门前，还系着一只钓鱼船呢！

这是一首客旅愁眠的诗。全诗迷离恍惚，一夜愁眠，忽醒忽寐，客旅乡心愁难尽，结尾时以景收，甚为出色。

◉断雁：指孤雁。

赤壁，即赤壁山，在今湖北省嘉鱼县东北江滨，因山岩呈赭红色，因而得名。三国时，魏军被吴、蜀联军打败在赤壁，是历史有名的「火烧赤壁」之役。杜牧好谈兵论战，并自诩能文善武，他借此首咏史诗发抒自己才华不得施展的感慨。

◉周郎：《三国志》：「瑜时年二十四，吴中皆呼为周郎。」指周瑜。

◉铜雀：台名，曹操所建，在邺城（今河北省临漳县西）。

◉二乔：东汉桥玄二女。《三国志》：「乔公二女，皆国色也。孙策自纳大乔，瑜纳小乔。」乔，应为桥。

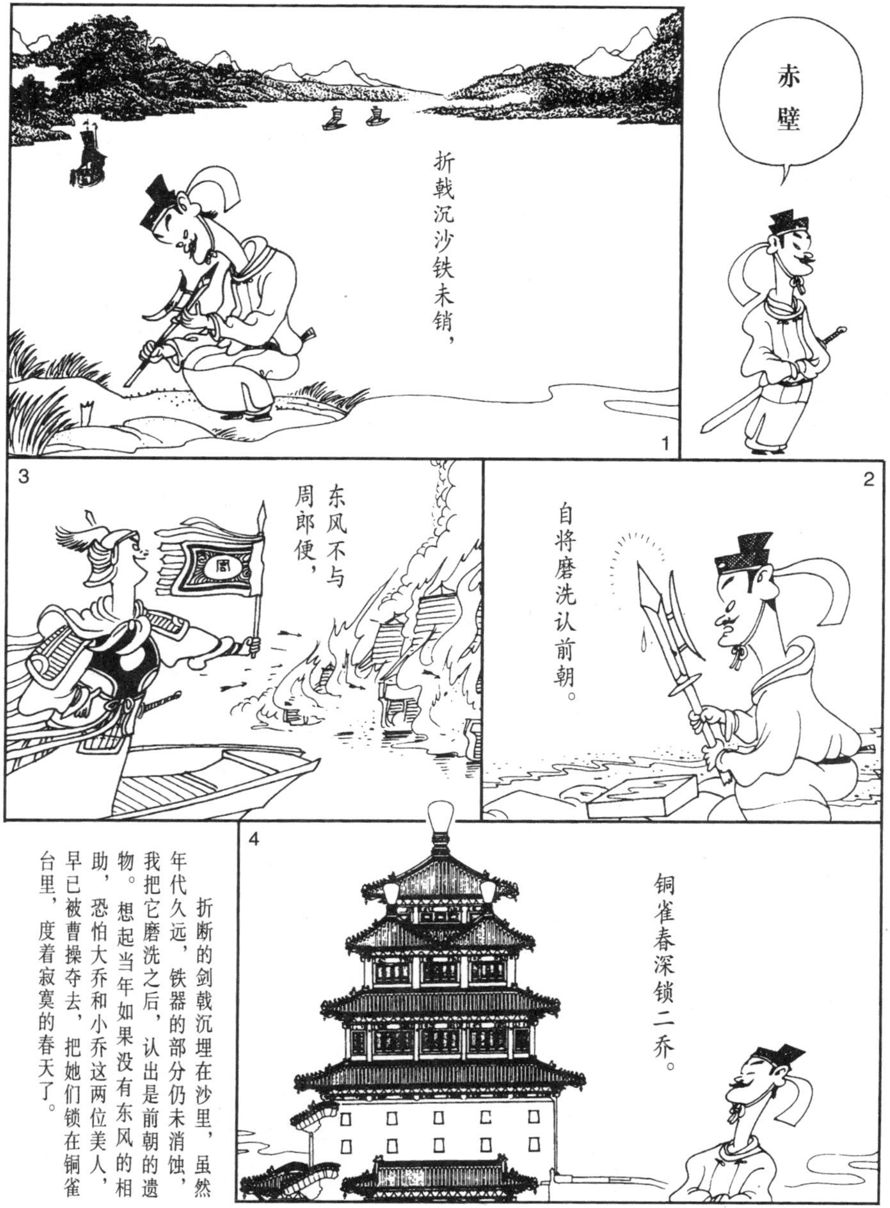
赤壁
1
折戟沉沙铁未销，
2
自将磨洗认前朝。
3
东风不与周郎便，
4
铜雀春深锁二乔。
折断的剑戟沉埋在沙里，虽然年代久远，铁器的部分仍未消蚀，我把它磨洗之后，认出是前朝的遗物。想起当年如果没有东风的相助，恐怕大乔和小乔这两位美人，早已被曹操夺去，把她们锁在铜雀台里，度着寂寞的春天了。

杜牧在一个月色迷茫的夜晚，乘船停靠在秦淮河畔，对岸酒楼不断传来歌女的歌声。作者有感于唐朝国势的日衰，因而作此诗借以讽刺。

◉秦淮：即秦淮河。发源于今江苏省溧水县东北，往西北穿过金陵流入长江。相传秦始皇南巡时为了凿钟山、疏淮水开辟而成。

◉后庭花：指陈朝末代皇帝陈叔宝（陈后主）所作乐曲。因其荒淫享乐，不修朝政，终至亡国，故后以「后庭花」代表靡靡之音。《旧唐书》音乐志：「前代兴亡，实由于乐。陈将亡也，为『玉树后庭花』；齐将亡也，而为『伴侣曲』。行路闻之，莫不悲泣，所谓亡国之音也。」

烟雾笼罩着寒冷的江水，月光照在江边的沙滩上，今夜我停泊在秦淮河畔，可叹那酒家中的歌妓不知道亡国的怨恨，隔着江儿还在唱着后庭花的曲子。

杜牧于唐文宗大和七年至九年（八三三—八三五）曾在扬州任节度使掌书记，与韩绰是同僚。当时韩绰可能正任淮南节度使判官。这首诗是杜牧离任不久后寄赠之作。

◉二十四桥：有二说法。一为二十四座桥。清《一统志》云：「隋置，并以城门坊市为名，后宋韩令坤省筑州城，分布阡陌，别立梁桥，所谓二十四桥者，或存或废，不可得而考。」另据宋沈括《梦溪笔谈》载：唐时扬州十分繁华，有二十四座桥。二为桥名「二十四座桥」，《扬州画舫》录：「二十四桥，一名红药桥，即吴家砖桥，古有二十四美人吹箫于此，故名。」

青山隐约可见，绿水流向遥远的那一边。现在虽是晚秋时节，可是江南的草木却还没有枯凋。今夜明月高照着二十四桥，不知你在何处教伊人吹箫呢？

遣怀
落魄江湖载酒行，
楚腰纤细掌中轻。
十年一觉扬州梦，

赢得青楼薄幸名。
你好无情喔！

我因失意潦倒，经常在江南一带携酒嬉游。扬州的妓女，有着可在掌上起舞的纤细腰肢。十年来，寻花问柳的生活，就像是一场春梦，如今梦醒时，只在青楼留下了「薄幸郎」的名声！

这首诗是杜牧回忆扬州的冶游，匆匆十年，大有前尘如梦之感，因作此诗。

◉楚腰：《后汉书》：「楚王好细腰，宫中多饿死。」今指细腰。

◉掌中轻：伶玄《赵飞燕外传》：「纤便轻细，举止翩然，人谓之飞燕。」

◉十年一觉扬州梦：《传灯录》：「十年一觉红尘梦，不定风灯是此身。」

◉青楼：曹植《美女篇》：「青楼临大道，高门结重关。」梁刘邈《万山见采桑人》诗：「倡妾不胜愁，结束下青楼。」指妓院。

秋夕
1
银烛秋光冷画屏，
2
轻罗小扇扑流萤。
3
天阶夜色凉如水，
4
坐看牵牛织女星。

秋夜里，烛光映照在画屏上，使人觉得有些凉意；她拿着轻罗制的小团扇，扑捉着飞来飞去的萤火虫。夜色清凉如水，她静悄悄的坐在石阶上，看那天上的牵牛织女星，幻想着美丽的神话故事。

这是一首写秋夜的诗，词采清丽，画面鲜明，流露出爽朗俊逸的情调。一说为王建所作。宋人曾季狸《艇斋诗话》言此诗：「含蓄有思致。星象甚多，而独言牛女，所以见其为宫词也。」

◉ 牵牛织女：两座星宿名。神话中的牛郎、织女。

唐文宗大和九年（八三五），杜牧三十三岁，由淮南节度府掌书记升监察御史。这是他离开扬州赴长安前留赠妓女之作。

◉豆蔻：植物名，形似芭蕉，夏日开花，二月正是其含苞半吐之时。《桂海虞衡志》：「豆蔻化，春末发，先抽干，有大箨包之。」

◉十里：宋沈括《梦溪笔谈》：「扬州在唐时最为富盛，旧城南北十五里一百一十步，东西七里三十步。」

赠别其一
1
娉娉嫋嫋十三余，
2
豆蔻梢头二月初。
3
嗨！
酒
春风十里扬州路，

卷上珠帘总不如。
4

她有着一副轻盈美好的身材，年纪才只有十三岁多，看她娇艳的姿态，就好像二月初发的豆蔻梢头。在这春风和暖，扬州繁华的十里路上，卷起珠帘，观赏诸女子的容貌，总觉得她们都不如她美丽呢！

一般的别诗，有送别、赠别、留别三种。杜牧此二首赠别诗，依内容看，是属于「留别」诗。前首是赞美妓女的年轻貌美，此首是抒其离别之情。

◉尊：即樽，酒杯。

◉蜡烛有心还惜别：「有心」二字双关，一指蜡烛本身的烛心，二喻情人有心。

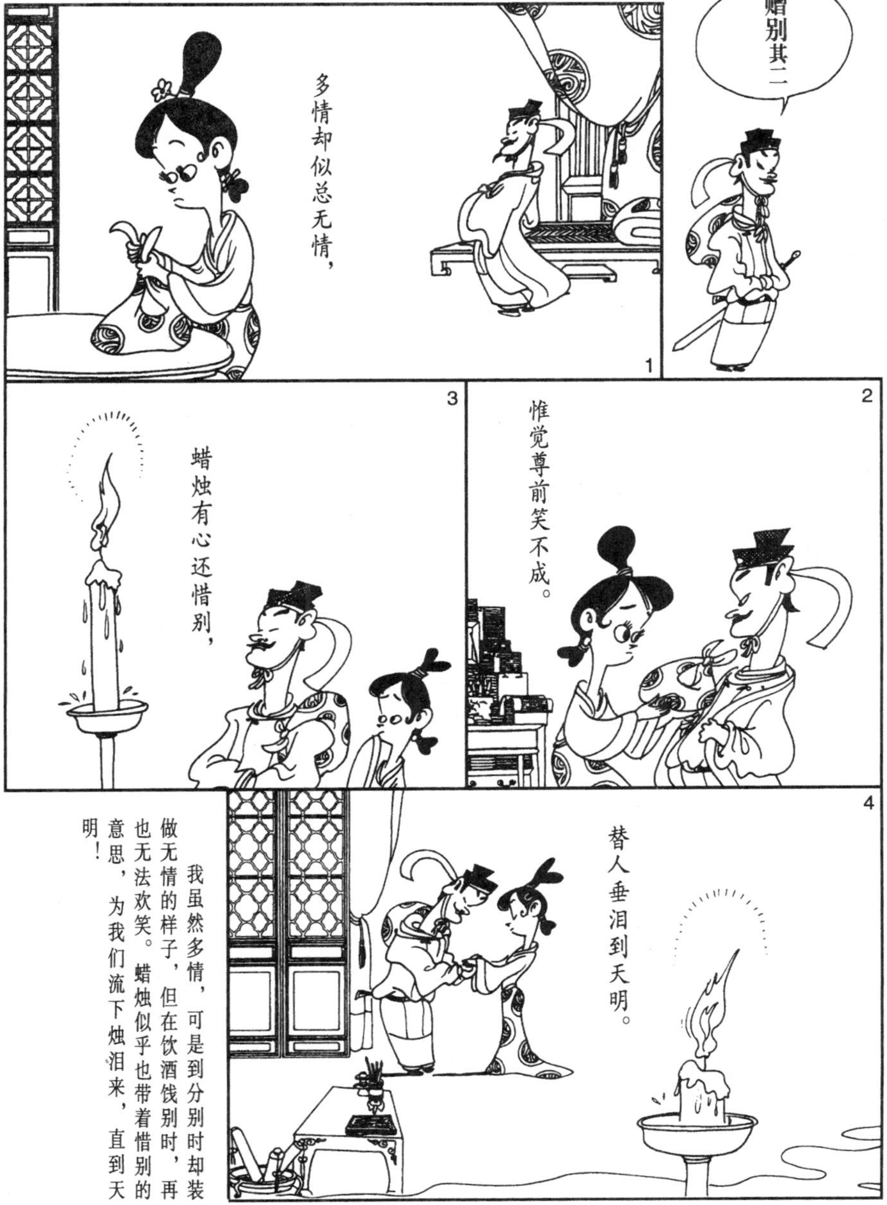
赠别其二
多情却似总无情，
惟觉尊前笑不成。
蜡烛有心还惜别，
替人垂泪到天明。
我虽然多情，可是到分别时却装做无情的样子，但在饮酒饯别时，再也无法欢笑。蜡烛似乎也带着惜别的意思，为我们流下烛泪来，直到天明！

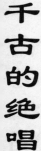

这是一首伤春咏史的诗。金谷园是西晋时石崇的别墅，位于河南洛阳县西金谷涧中。杜牧游金谷园，感叹废园中所曾发生的事而作此诗。

◉坠楼人：指石崇爱妾绿珠跳楼殉情之事。《晋书·石崇传》：「崇有妓曰绿珠，美而艳，善吹笛，孙秀使人求之，崇勃然曰：『绿珠吾所爱，不可得也。』秀怒，矫诏收崇，崇正宴于楼上，介士到门，崇谓绿珠曰：『我今为尔得罪。』绿珠泣曰：『当效死于君前。』因自投于楼下而死。」

1
金谷园
繁华事散逐香尘，
2
流水无情草自春。
3
日暮东风怨啼鸟，

4
落花犹似坠楼人。

当年的繁华已随着香尘消散，只留下园中无情的流水，依旧不停地流着，草木在春天里犹自开放着，在傍晚时，东风里传来鸟儿哀怨的啼声；看到纷落的花朵，不禁想起当年跳楼殉情的绿珠。

据《江南通志》说，此诗为杜牧任池州刺史时所作。此诗着墨不多而情景逼真，和宋人张择端的名画「清明上河图」相映成趣。

◉ 杏花村：在贵池县城西，以产酒著名。由于杜牧此诗的影响，有多处地方都起名「杏花村」，如著名的汾酒，便是山西汾阳杏花酒厂出名。

清明
1
清明时节雨纷纷，
2
路上行人欲断魂。
3
借问酒家何处有？
4
牧童遥指杏花村。
清明节，下着濛濛细雨，更加深了路上行人的愁思。请问附近有没有酒家？牧童用手遥指杏花深处的村庄。

李商隐

八一三—八五八

李商隐，字义山，号玉溪生，怀州河内人，二十五岁时中了进士。在他生活的时代，持续了近四十年的牛僧孺、李德裕朋党之争。他与牛、李两派都有关系，不幸被卷入朋党倾轧的漩涡之中，成了无辜的牺牲者，一生也因而感到非常苦闷。

他的诗，文字和音调都很美，浪漫色彩很浓，他的抒情诗，对后代的影响甚为深远。

著有《樊南甲乙集》各二十卷，《李义山诗集》三卷。

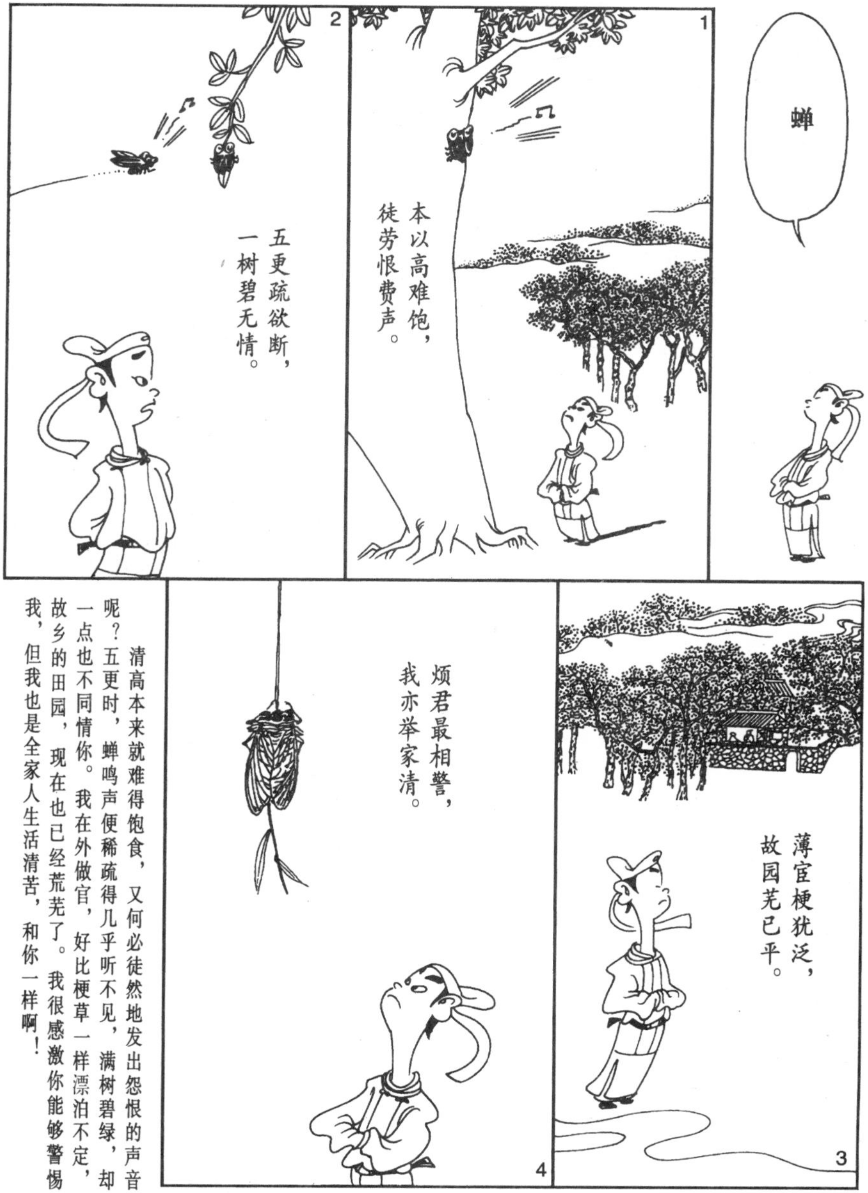
蝉
本以高难饱，
徒劳恨费声。
五更疏欲断，
一树碧无情。
薄宦梗犹泛，
故园芜已平。
烦君最相警，
我亦举家清。
清高本来就难得饱食，又何必徒然地发出怨恨的声音呢？五更时，蝉鸣声便稀疏得几乎听不见，满树碧绿，却一点也不同情你。我在外做官，好比梗草一样漂泊不定，故乡的田园，现在也已经荒芜了。我很感激你能够警惕我，但我也是全家人生活清苦，和你一样啊！

这是一首咏物的诗，借咏蝉比喻自己的高洁、清苦。清吴乔《围炉诗话》：「义山蝉诗，绝不描写用古，诚为杰作。」

◉ 薄宦梗犹泛：《战国策·齐策》：「苏秦曰：今者臣来过于淄上，有土偶人与桃梗相与语。土偶曰：『今子东国之桃梗也，刻削子以为人，降雨下，淄水至，流子而去，则子漂漂者将如何耳！』」。此处是指在外乡做一小小的官；就如同草梗般的随波飘流。

李商隐于唐宣宗大中十一年（八五七），任盐铁推官时，曾漫游江东一带。江东是六朝英雄创业之地，作者感于自己怀才不遇，因而作此诗。

◉宝剑篇：《新唐书·郭震传》：「武后知所为，召欲诘，既与语，奇之，索所为文章，上宝剑篇，后览嘉叹，诏示学士。」宝剑篇，为初唐将领郭震所作之文章，表现匡国救民的抱负。此处乃指空有壮志，而无人赏识。

◉新丰酒：据《旧唐书·马周传》记载：马周落拓，西游长安，投宿新丰旅店，店主人慢待他，马周无聊，命酒独酌，后受唐太宗赏识，提拔为监察御史。此处乃指不受当朝重视，只有借酒浇愁。

1
凄凉宝剑篇，
羁泊欲穷年。
风雨
2
黄叶仍风雨，
青楼自管弦。
3
新知遭薄俗，
旧好隔良缘。

4
心断新丰酒，
销愁斗几千。
共3000文
酒
酒

我看了宝剑篇后，心里不觉一阵凄凉，漂泊异乡也将近一年了。树上黄叶，仍旧在风雨里摇动着，而青楼里，却自顾在歌舞宴乐。新朋友因风俗浇薄，难以有深入的交往，而那些旧朋友和我已断了良缘。对着新丰美酒，虽然肝肠欲断，但为了消解心中愁闷，又何必在乎花费几千文的酒钱呢？

落花
高阁客竟去，小园花乱飞。
参差连曲陌，迢递送斜晖。
肠断未忍扫，眼穿仍欲归。

芳心向春尽，所得是沾衣。

高阁上的客人，竟然就这样地离去，留下小园里的落花，纷乱地飞舞着。飞在弯曲的田垄上，远远地送着傍晚的落日余晖。我见了这些落花，不禁肝肠寸断，不忍把它扫去。望眼欲穿，还在盼望逝去者的归来。我的一片芳心，也随着这春光的离去而凋尽，所得到的只是涓涓泪水沾湿了我的衣裳。

这首咏落花的诗，写得凄美悲凉，当是李商隐有为而发。清何焯《批李义山诗集》：「一结无限深情，『得』字意外巧妙。」

◉肠断未忍扫，眼穿仍欲归：张采田云：「此二句词极悲浑，不得以字面论其工拙也。」诗中未点明欲谁归，是欲落花归？或去客归？抑或是逝去的芳春归？

你离去之后，水波已高涨得和栏槛相齐了；蝉声渐歇，又是秋露凝结枝头的时候。此时我深深地怀念着你，独自倚靠在槛边，久久不知时间的逝去。北斗和春光一样的遥远，你到了南陵寓所却迟迟地不肯捎来讯息。远在天边的我，只得依凭梦境来占卜吉凶，但不免疑心你有了新交，而把我这老朋友忘记了。

唐宣宗大中元年（八四七），李商隐三十七岁，离开长安，漂泊天涯，开始他一生充满屈辱和痛苦的时期，也是他诗歌创作收获最丰的时期。《玉溪生年谱会笺》编此诗作于大中元年，是在宣城别李处士之作。

◉北斗：星宿名，喻所怀念的人。

◉南陵：属宣州（今安徽南陵县）。《会笺》谓：「『南陵寓使迟』者，义山在南郡，或俟处士使毕同归。」

◉占梦：古人迷信，常根据梦境来测吉凶。

这是一首寻访的诗，作者去拜访一位住在北青萝的孤僧，而写此诗。

◉崦：日落的地方。《广韵》：「崦，崦嵫，山下有虞泉，日所入。」

◉世界微尘里：《法华经》：「譬如有经卷书写三千大千世界事，全在微尘中，时有智人，破彼微尘，出此经卷。」此言大千世界，俱在微尘之中。

北青萝
残阳西入崦，
茅屋访孤僧。
落叶人何在？
寒云路几层。
独敲初夜磬，
闲倚一枝藤。
世界微尘里，
吾宁爱与憎？
傍晚太阳西落入崦嵫山里，我到茅屋去拜访一个孤独的和尚。但见树叶簌簌落下，却不知他在什么地方？寒云密集，不知把这条路隔了几层。忽听得他独自一人，在入夜时敲着磬钟，幽闲地拄着拐杖随处倚靠。我顿时觉得世界如微尘般虚渺，万物皆属虚空，我怎能还有什么爱和憎的呢？

这是一首千古传诵的名作。前人对此诗深义探求不一。朱彝尊云此悼亡诗也；何焯云此乃自伤之词。然就全诗内容看，此诗应是作者晚年回首一生遭遇所作，即唐宣宗大宗十二年（八五八），作者罢盐铁推官，还郑州闲居时作。

◉望帝：周末西蜀的国君。《说文》载：「望帝婬其妻，惭，亡去，为子隽鸟，故蜀人闻子隽鸟啼，皆起曰：『是望帝也』。」子隽，即杜鹃鸟。

◉蓝田：山名，即玉山，在今陕西蓝田县东南，产美玉。古人常以玉象征美好的人或事物。

◉庄生：即庄周。《庄子·齐物论》：「昔者庄周梦为蝴蝶……蝴蝶之梦为周与？」

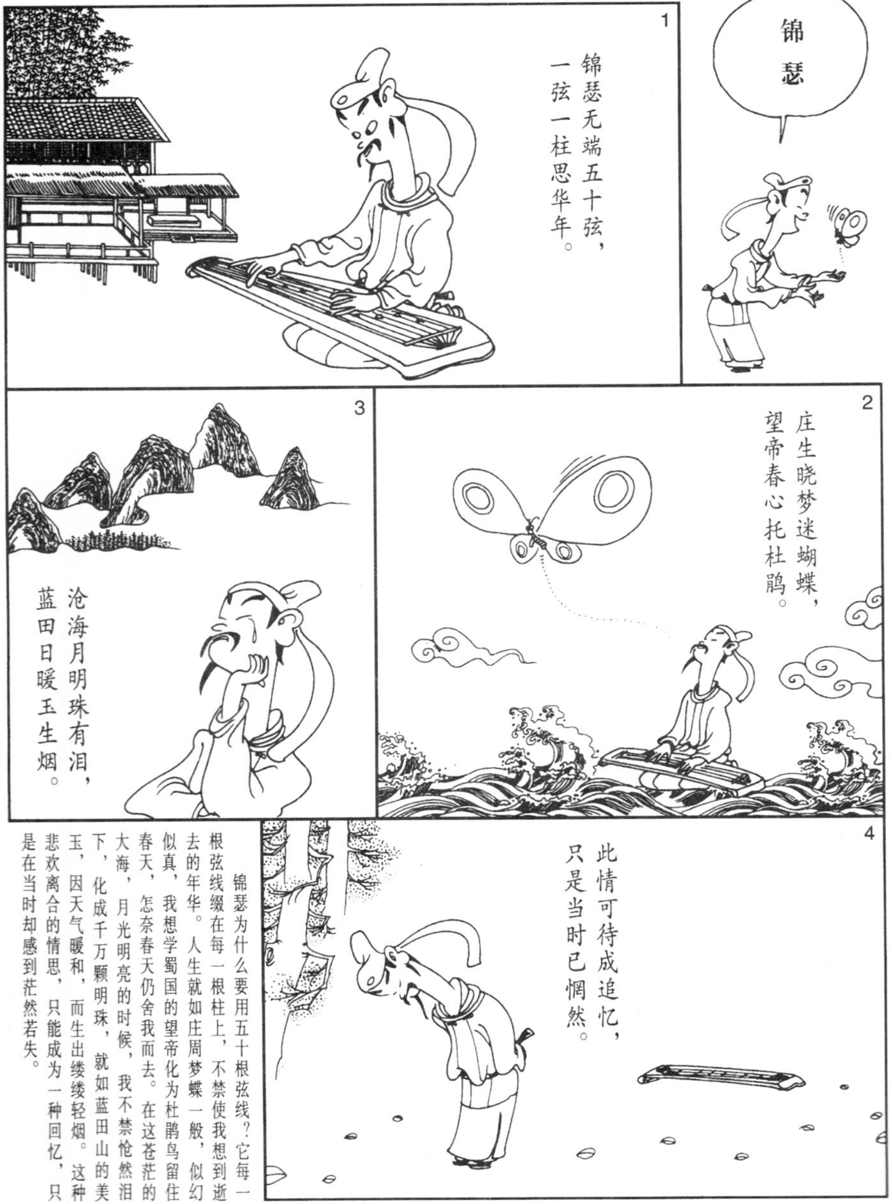

锦瑟为什么要用五十根弦线？它每一根弦线缀在每一根柱上，不禁使我想到逝去的年华。人生就如庄周梦蝶一般，似幻似真，我想学蜀国的望帝化为杜鹃鸟留住春天，怎奈春天仍舍我而去。在这苍茫的大海，月光明亮的时候，我不禁怆然泪下，化成千万颗明珠，就如蓝田山的美玉，因天气暖和，而生出缕缕轻烟。这种悲欢离合的情思，只能成为一种回忆，只是在当时却感到茫然若失。

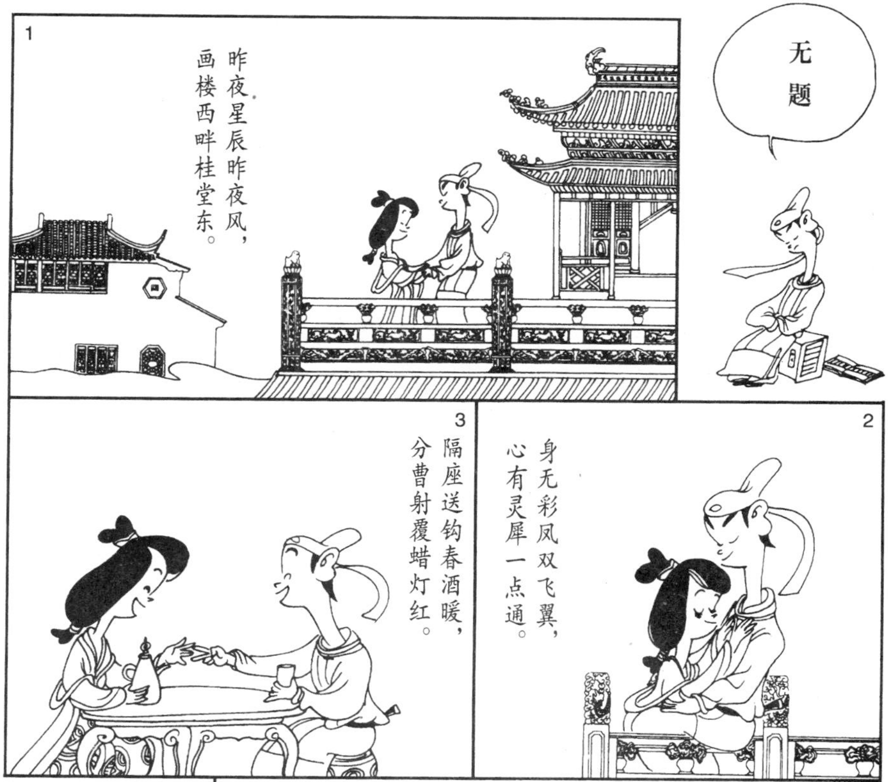

昨夜柔柔的星光下吹着微风，在画楼的西面，桂堂的东边。我没有彩凤的双翅，可以飞到你身边，不过我和你彼此心心相印。记得你隔着座位与我玩钓鳌竿的酒戏，共饮着暖和的春酒；后来在红烛高照下，与你分组同做射灯谜的游戏。唉！可惜我听到更鼓声尽，就要赶着上朝面圣，我骑着马在御史衙门前奔走，就好像漂泊无根的蓬草一样。

寂寞的诗人，在美丽的春夜，参加了一次令人沉醉的宴会，遇到一位心意相投的姑娘。虽两心相许，但好事难成，只留下几许的追思。

◉心有灵犀一点通：《南州异物志》：「犀，有神异，表灵以角。」喻两心相通，有如两端相通的犀角。

◉送钩：《槁简赘笔》：「唐人酒戏极多，……。」此指喝酒时的一种游戏。

◉分曹射覆：即分组比赛猜谜，以行酒令。《酒令丛钞》：「今酒座所谓射覆，又名射。」

◉听鼓应官：百官听更鼓声上朝。古人早朝，在卯时，即晨五时至七时。

所谓无题诗，便是爱情诗，一般人提到无题诗，便联想到李商隐的无题诗，因他在此方面的表现，充满了丰富的想像力、创造性，造意特别优美。

◉金翡翠：温庭筠《菩萨蛮》：「画罗金翡翠，香烛销成泪。」此指以金线绣在帘帷上的翡翠图。

◉刘郎：指东汉刘晨。据《神仙记》载：汉永平年间，郯县人刘晨、阮肇同入天台上采药，遇二女子，邀至家，留半年，其地气候草木常如春时。及还家，子孙已历七世。重寻仙境，已不可复至了。

◉蓬山：即蓬莱山。相传为仙人所居之处。

无题其一
1
来是空语去绝踪，
月斜楼上五更钟。
2
梦为远别啼难唤，
书被催成墨未浓。
3
蜡照半笼金翡翠，
麝熏微度绣芙蓉。

4
刘郎已恨蓬山远，
更隔蓬山一万重。

她说要来相会，竟然都是空话，因为她一去之后，便断绝了踪迹。月光斜照在高楼上，耳边听得五更的钟声敲响。我在梦中和她远别，不禁悲啼，然而却唤不回她。梦醒时，我急忙写信给她，连墨色都来不及磨浓。此刻只有蜡烛半照着翠屏，微微麝香从芙蓉帐中透出。刘郎已深怨着蓬山的遥远，更何况我离蓬山还有千万重隔离呢！

这是一首表达恋情的抒情诗。

◉贾氏窥帘韩掾少：贾氏乃西晋大臣贾充的女儿。《世说新语》：「韩寿美姿容，贾充辟以为掾，充每聚会贾女于青璅中见寿，说之……与之通，充秘之，以女妻寿。」

◉宓妃留枕魏王才：宓妃，古代传说，伏羲氏之女名宓妃，溺于洛水，是为洛神。诗指曹丕皇后甄氏。据《洛神赋》李善注云：魏王曹植求甄氏为妃，其嫁曹丕，后被谗死，曹丕将其遗物玉缕金带枕送予曹植，曹植梦甄后对他说：此枕……今与君王，遂用荐枕席，欢情交集。曹植感其事，遂作《洛神赋》。

无题其二
1
飒飒东风细雨来，
芙蓉塘外有轻雷。
2
金蟾啮锁烧香入，
玉虎牵丝汲井回。
3
贾氏窥帘韩掾少，
宓妃留枕魏王才。
4
春心莫共花争发，
一寸相思一寸灰。
东风飒飒，细雨微微，芙蓉花塘外，传来轻轻的雷声。口衔锁环的金蟾香炉，虽然坚硬，烧起香来，香气弥漫犹可入室中。饰着玉虎的井栏虽深，仍可用绳索汲引。贾充的女儿，心仪韩寿年轻俊美，而从帘子后偷窥看着他；宓妃爱慕曹植的才思，而把绣花枕头留给他作纪念。我和你两下隔离，希望一片春心不要再与花朵争艳，纵有一寸的相思，到头来总是变成一寸灰烬呀！

此诗，古今以来解说甚多，莫衷一是。年代久远，信史难征。若就字面来看，则是一首写封建社会下恋爱不自由，被迫分开的诗。诗中叙述的离别相异之情，感动千古。

◉蓬莱：《全唐诗》及《四部丛刊》本均作「蓬山」，指东海里的仙山。

◉青鸟：神话中传递消息的仙鸟。《山海经·大荒西经》：「西有王母之山，有三青鸟，赤首黑目。」注曰：「皆西王母所使也。」

无题
1
相见时难别亦难，
东风无力百花残。
2
春蚕到死丝方尽，
蜡炬成灰泪始干。
3
晓镜但愁云鬓改，
夜吟应觉月光寒。

4
蓬莱此去无多路，
青鸟殷勤为探看。

我和你相见是那么困难，分别时更觉得难分舍。东风已经停息，百花都已凋零。春蚕到死时，方才吐完它的丝；蜡烛点到烛芯成了灰烬，烛泪方才干凝。早晨对着镜子，只是忧愁她乌云般的鬓发即将斑白，夜里吟诗，应觉得月光带着寒意。这里到蓬莱山没有多少路程，希望好心的青鸟能为我飞到你那边探听消息，互致别后相思之情。

以下两首无题诗，均为抒写恋情的抒情诗。关于李商隐的无题诗，历代注家的解释不尽相同，然大抵将它视为爱情诗。至于义山恋爱的对象是谁？实难以推测。其后与王茂儿的女儿结婚，爱笃情深，所以有些抒情诗，可能在婚前所写。

◉ 清何焯《批李义山诗集》：「义山无题数诗，不过自伤不逢，无聊怨题……。」

◉ 扇裁月魄：谓团扇也。班婕妤《怨歌行》：「裁成合欢扇，团团似明月。」

◉ 雷声：形容车行之声。司马相如《长门赋》：「雷殷殷而响起兮，声像君之车音。」

这凤尾花纹的香罗帏，薄薄的有好几层，她在夜深时候，犹缝制着碧色圆顶。当她用一柄团扇娇羞的遮住脸，匆匆驱车而过，车声辘辘，我们始终未通一语。金灯中的蜡烛将点完，房里显得黑沉沉的，使我觉得寂寥万分。到了五月里石榴花开的时候，她始终没有一点消息给我。我只得把马儿系在岸边的杨柳树下，却不知道在什么地方可以乘了好风去寻她呢？

无题其二
重帏深下莫愁堂，
卧后清宵细细长。
神女生涯原是梦，
小姑居处本无郎。
风波不信
菱枝弱，
月露谁教
桂叶香？

直道相思了无益，
未妨惆怅是清狂。

我从你窗前走过，那一扇窗，窗帘总是深深地垂落。就寝后的秋夜，被寂寞拉得更长。我想巫山神女所过的生活，无非是一个梦境罢了；青溪小姑独处，本来就没有郎君。我不信柔弱的菱枝，能承受江上风波的摧折，谁教月夜的露水，使桂树溢发的清香呢？我明明知道相思是没有什么益处的，所以不妨把心中的惆怅化为清狂吧！

◎莫愁：为石城（今湖北钟祥县）中善歌之女子。莫愁堂，在此借喻为女子的香闺。

◎神女：巫山的女神，宋玉有《神女赋序》：「楚襄王与宋玉游于云梦之浦，使玉赋高唐之事，其夜王寝，梦与神女遇，其状甚丽。」

◎小姑居处本无郎：小姑，相传为汉朝秣陵尉蒋子文的第三妹，吴国孙权曾为蒋子文在钟山立庙，小姑也被奉祀为神。南朝乐府《清溪小姑曲》：「开门白水，侧近桥梁。小姑所居，独处无郎。」

这首诗反映了诗人复杂而又难以明言的心情。既有爱惜光阴、留恋晚景之意，也是他在政治上受到挫折后所产生的悲观、惆怅、不知所适的感受。表面上是写夕阳古苑，实际上是为武宗而忧，武宗用李德裕为相，内宠王才人，外筑望仙台，封道士为学士，用其术致身病，故识者皆知其不永。

◉ 古原：即乐游原。乐游原，在陕西长安东南，《长安志》云：「乐游原，在陕西长安南八里，其地居京城最高处，汉唐时，每当三月二日，九月九日，京城士女就此登赏祓禊。」

到了傍晚时，我心中有些不快，于是坐了车子到乐游原上游玩、散心。这时只见一片美好的夕阳，十分美丽，可惜已近黄昏，这种美景，不多时即将消逝。

夜雨寄北
1
君问归期未有期，
2
巴山夜雨涨秋池。
3
何当共剪西窗烛，
4
却话巴山夜雨时？

你问我什么时候回来，我却还没有确定的日期，今晚巴山正下着雨，池塘里涨满了秋水。不知什么时候，才能和你一起坐在西窗下剪烛谈心，说说今晚巴山夜雨的情景呢？

这是李商隐旅居巴蜀（今四川省）时，遇到夜雨，因而思家殷切，于是作此诗，寄给住在河内（河南北部）的妻子。

此诗两次提到「巴山夜雨」，前一次指诗人眼前所处的孤寂景象，后句则指诗人想像与妻子相会时，促膝长谈的话题。

这是一首闺怨的诗，清何焯《批李义山诗集》：「此与『悔教夫婿觅封侯』同意，而用意较尖刻。」

◉凤城：秦缪公女弄玉吹箫，凤降其城，因号丹凤城。后谓京都为凤城。

◉金龟婿：唐代三品以上的官员，朝服上绣有金线的鱼形或龟形。《旧唐书·舆服志》：「天授元年，改内外所佩鱼皆为龟，三品以上龟袋用金饰。」

为有
1
为有云屏无限娇，
2
凤城寒尽怕春宵。
3
无端嫁得金龟婿，

4
辜负香衾事早朝。

有了云母石的屏风，增添了她无限的娇美。在京城里寒气已尽的时候，不免使她害怕着春夜的短促。因为她无端地嫁了一个金龟婿，她的丈夫总是辜负了香气馥郁的被衾，每天都急忙赶着上早朝。

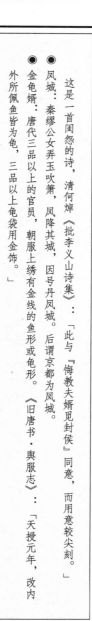

此诗是李商隐在生活中受到挫折后，借咏嫦娥来表达自己内心深处的苦闷。李商隐的诗沉博绝丽，晦涩难解，然善用历史典故，烘托比兴，表达复杂的感情，故其诗旨遥深，造意极美，使人咏诵不已。

◉嫦娥：后羿的妻子，相传她偷得不死之药，奔月，便居于月宫。今多以嫦娥为月的代称。《淮南子·览冥训》：「羿请不死之药于西王母，姮娥窃以奔月。」

1
云母屏风烛影深，
嫦娥
2
长河渐落晓星沉。
3
嫦娥应悔偷灵药，
4
碧海青天夜夜心。

烛影投射在云母屏风上，天河渐渐地低落下去，晓星也沉没下去了。我想月宫里的嫦娥，应该十分懊悔当年偷服了仙药，如今只落得夜夜对着碧海青天而忧愁烦心呢！

王翰，字子羽，并州晋阳人。

唐睿宗李旦景云元年进士及第。张说为相，被召为秘书正字、擢通事舍人，驾部员外郎。张说罢相后，翰出为汝州长史，徙仙州别驾，后贬道州司马。

王翰能诗，擅长绝句，他所做的《凉州词》为世传诵。《新唐书·文艺传》、《唐才子传》有传。

王翰

?—七一三—?

凉州词
葡萄美酒月光杯，
欲饮琵琶马上催。
醉卧沙场君莫笑，

古来征战几人回？

我用白玉杯，盛着葡萄美酒，正想畅饮时，忽然听见琵琶的声音催着我赶快出征。我即使喝醉了酒，躺在沙场上，也请你们不要笑我，自古以来在外征战的人，有几个能够安然地回来呢？

凉州词，为西凉乐曲的一种。凉州，在今甘肃武威县。郭茂倩乐府诗集近代曲辞有凉州歌。

◉夜光杯：即白玉杯。东方朔《十州记》：「周穆王时，西胡献夜光常满杯，杯是白玉之精，光明夜照，冥夕出杯于庭以向天，比明而水汁已满于杯中也。」

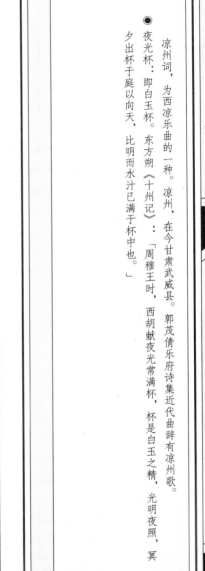

许浑，字仲晦，润州丹阳（今江苏省）人。太和六年进士及第，为当涂、太平二县令。后拜监察御史，历任睦、郢二州刺史。后退居丁卯涧桥村舍，暇日整理所作，为《丁卯集》。《唐才子传》有传。

许浑

？—八四四—？

这首诗为许浑在秋天赴京时，歇宿在潼关的驿楼时所作的。

潼关：在今陕西省潼关县东南，地当黄河之曲，据崤函之固，为入京的要道。

◉萧萧：风声。

◉太华：西岳华山。在陕西省潼关县西南。

◉中条：雷首山之别名。在今山西省永济县东南。山狭而长，东太行，西华岳，此山居中，故曰中条。

◉帝乡：指长安。

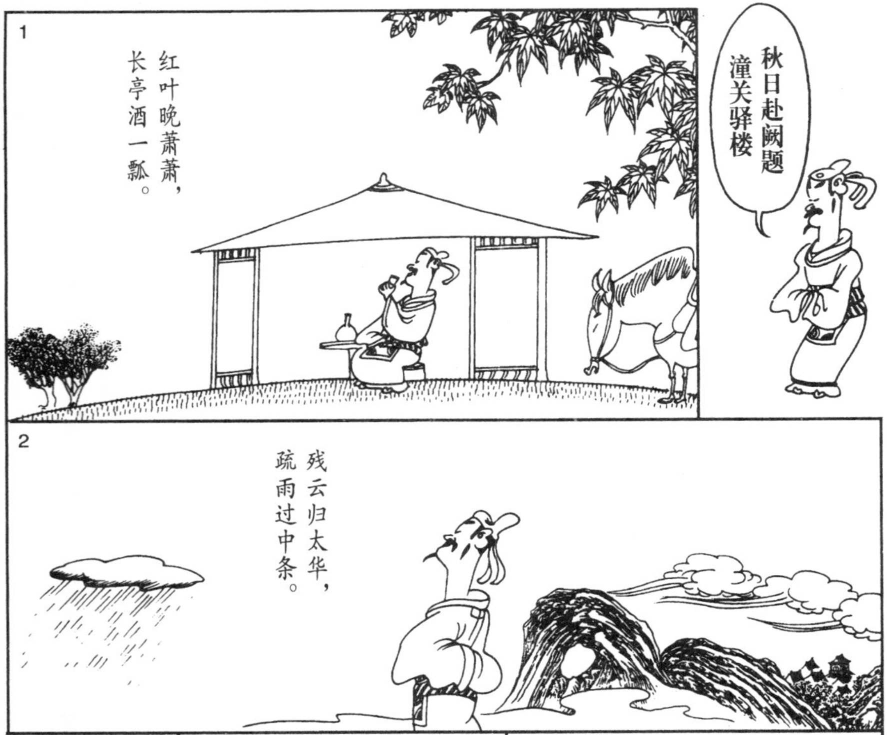
1
秋日赴阙题潼关驿楼
红叶晚萧萧，长亭酒一瓢。
2
残云归太华，疏雨过中条。

3
树色随山迥，河声入海遥。
4
帝乡明日到，犹自梦渔樵。

对着红叶萧萧的晚秋，我在长亭上独自饮了一瓢酒。这时残云飞往太华山去，稀疏的雨点，飘落到中条山那边。树色苍绿，随着山势远去，黄河的水声，直奔流到遥远的大海里。大约明天就可到达京都了，我却还十分向往渔樵的生活。

早秋
遥夜汎清瑟，
西风生翠萝。

残萤委玉露，
早雁拂银河。
高树晓还密，
远山晴更多。

淮南一叶下，
自觉老烟波。

在这漫长的秋夜里，四周遍布着凄凉的秋声，西风吹着青翠的萝藤，残余的萤火虫，停歇在洁白的露水上，早起的雁鸟，拂振着翅膀，在天河里飞来飞去。高高的树木，在天亮时看起来还很盛密；远处的山峰，在晴天时看起来更觉得多了。淮南的树上，掉落下一片叶子，自己不禁觉得将终老于这烟波之上。

此为写景的诗。《全唐诗》共有三首，在写作者郁郁不得志。

◉委：一作「栖」。委身，有停宿之意。

◉淮南一叶下：言淮水以南，叶落秋到。《淮南子》说山：「见一叶落而知岁之将暮。」

◉老：终老之意。

张祜

（？—八五三）

张祜，字承吉，清河人。

他是唐元和、长庆年间诗人，与杜牧是好朋友，一生没有做过官。晚年隐居丹阳，死于宣宗大中年间。

他的诗作，多半是描写漫游生活，以及宫怨诗，以宫词得名。《唐诗纪事》、《唐才子传》有传。

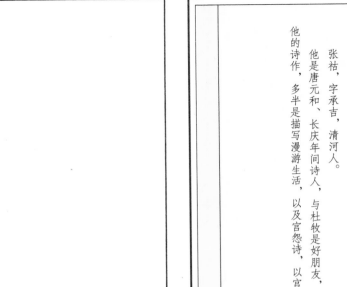

这是一首宫怨的诗，《全唐诗》题作「宫词」。

◉何满子：歌曲名。为宫词，咏宫娥思乡又不得宠幸的怨歌。相传为开元中的一个囚犯叫何满子所创的调子。《乐府诗集》卷八十云：「唐白居易曰：何满子，开元中沧洲歌者，临刑进此曲以赎死，竟不得免。」又云：「杜阳杂编曰：文宗时，宫人沈阿翘为帝舞何满子，调辞风态率皆宛畅，然则亦舞曲也。」

这也是一首宫怨的诗。所谓内人，即宫人。张祜善作宫体小诗，炼字工巧，诗中痕、媚、斜、影诸字，写景状人，都能精确毕肖。

◉禁门：旧称天子所居之地为禁。禁门，即宫门。

◉剔开红焰救飞蛾：飞蛾扑火，陷在油中，用玉钗挑开灯焰营救它。

赠内人
1
禁门宫树月痕过，
2
媚眼惟看宿鹭窠。
3
斜拔玉钗灯影畔，
4
剔开红焰救飞蛾。

宫门里面的树木，被月影遮掩着；她一双妩媚的眼睛，直看着栖宿在树上的白鹭。她坐在灯旁，斜着头拔下了发上的玉钗，用玉钗剔开红色的灯焰，救出那扑火的飞蛾。

集灵台其一
日光斜照集灵台，
红树花迎晓露开。
昨夜上皇新受箓，

太真含笑入帘来。

太阳斜照着集灵台，树上的红花，迎接着清晨的露水而开放。昨夜里，唐明皇册封杨太真为贵妃，只见太真面含笑容地掀开帘子走了进来。

此首咏杨贵妃得唐明皇新宠的诗，借册封的地点——集灵台为诗题。

◉集灵台：台名，在骊山华清宫内。故址在今陕西省临潼县骊山上。元和志：「天宝六载，改温泉宫为华清宫，又造长生殿，名为集灵台，以祀神。」

◉上皇新授箓：上皇，指玄宗。天宝四载，唐玄宗册封杨氏为贵妃。

◉太真：杨贵妃的号。

集灵台其二
虢国夫人承主恩，
平明骑马入宫门。
却嫌脂粉污颜色，
淡扫蛾眉朝至尊。

虢国夫人受到君王的恩宠，时常在天刚亮的时候，便骑着马到宫里来。她自恃天生丽质，怕脂粉损害了容颜，所以只用青黛淡淡的抹了一下眉毛，就到宫里来朝见君王了。

这两首诗在咏杨氏姊妹的承宠，张祜约于元和长庆年间作此诗。表面赞杨氏姊妹之美，实际上却有所讽刺，但写得极为含蓄。

◉虢国夫人：杨贵妃的姊姊。天宝七载，玄宗封大姨为韩国夫人，三姨为虢国夫人，八姨为秦国夫人。陈鸿的《长恨歌传》说杨氏一家人：「叔父昆弟皆列位清贵，爵为通侯。姊妹封国夫人，富埒王室，车服邸第与大长公主侔，而恩泽势力，则又过之。出入禁门不问，京师长吏为之侧目。」

张祜在金陵渡口的小山楼上，因夜宿有感而作。

金陵，即南京，俞宋真《唐诗三百首详析》云：「金陵渡疑为江苏镇江之西津渡，隔长江与瓜州相对。若谓在南京，则不应距瓜州这样远。」

◉ 小山楼：楼在金陵渡口小山上。

◉ 瓜州：一作瓜州，镇名，在江苏江都县南，在长江边，与镇江相对。

题金陵渡
1
金陵津渡小山楼，
2
一宿行人自可愁。
3
潮落夜江斜月里，
4
两三星火是瓜州。

在金陵渡口的小山楼上，我在这宿了一夜，禁不住思念起家乡，而感到无限的愁闷。夜里，江上的潮水退去，月光斜照在江上，远处隐现着两三点稀疏灯火的地方，便是瓜州了。

每人一首

「每人一首」以下所录，是每位诗人仅选录一首诗，所以不另加作者介绍的刊头页，而将其集中起来，在每篇旁注中，简略地介绍该篇的作者生平。

所录「每人一首」诗本身的知名度，通常大过诗人的知名度。另，在这之前有三位诗人贺知章、唐玄宗、王翰并仅录一首诗，但因另加刊头页介绍诗人生平，所以将其编在前一部分。

陈子昂，六六一—七〇二，字伯玉，梓州射洪人。曾举进士，武后时，擢为右卫胄曹参军。解官待侍，为人所陷害，遂不复出。主张诗歌必须反映现实。著有《陈伯玉集》。

公元六九六年，武则天派建安王武攸宜征契丹，陈子昂随军参谋。攸宜出身亲贵，不懂军事，陈子昂曾献奇计，未被采纳。此诗就是陈子昂从军失意时写的。

幽州，即今北京市。燕昭王尝建黄金台于此，以招贤士，又名贤士台。唐称蓟北楼。

登幽州台歌
陈子昂
1
前不见古人，
2
后不见来者；
3
念天地之悠悠，

往前看不见古时的人，往后看不见未来的人；我登上这幽州台，想到天地之间的长远无穷尽，不禁独自感伤得淌下泪来。

4
独怆然而涕下。

昔人已乘黄鹤去，
此地空余黄鹤楼。
黄鹤楼
崔颢
黄鹤一去不复返，
白云千载空悠悠。
晴川历历汉阳树，
芳草萋萋鹦鹉洲。

日暮乡关何处是？
烟波江上使人愁。

从前有位仙人，乘着黄鹤离开这里，空留下这一座黄鹤楼。黄鹤离去之后，便不再回转，只有白云虽经过了千年，还是在天上飘浮着。天晴时，可以看见汉阳的树木清晰地倒映在江水上，鹦鹉洲上芳草长得很茂盛。傍晚的时候，望不见我的故乡在哪里，只见到江上烟雾朦胧，徒然使人发愁罢了！

崔颢，七〇四—七五四，汴州人。玄宗开元十一年进士。旧、新唐书文苑传有传，《唐才子传》也记其轶事。

作者登上黄鹤楼，由此楼的神话传说，而勾起了心头寂寞的思乡之愁。

◉黄鹤楼：在今湖北省武汉市蛇山。《南齐书》州郡志：「山人子安乘黄鹤过此，因名。」《寰宇记》谓费文祎登仙，尝驾黄鹤憩此，故名。

◉鹦鹉洲：在今湖北省武汉市西南长江中。东汉末，黄祖为江夏太守，祖长子射，大会宾客，有献鹦鹉者，祢衡作赋，洲因以名。

王建，七六八—八三○，字仲初，颍川人。大历十年进士及第。其诗与张籍齐名。《新唐书·艺文志》，《唐才子传》有传。

这是一首咏新娘子初下厨房的心情，描写心理，至为微妙。

● 三日：旧时风俗，女子婚后第三天，要下厨房做菜，表示从今后要侍奉公婆。

● 姑食性：指婆婆的口味。

● 遣：让。

新嫁娘

王建

1

三日入厨下，

2

洗手作羹汤。

3

未谙姑食性，

4

先遣小姑尝。

新嫁娘在婚后的第三天，便要下厨做饭，她先洗好了手，再作羹汤；但她初入门来，还不知道婆婆的口味，所以先请小姑尝过，才敢奉上。

陈陶，八一二—八八五，字嵩伯，鄱阳人。大中时，游学长安，举进士不第。《全唐诗》编存其诗二卷，《唐才子传》有小传。

◉ 无定河：源出内蒙古，经陕西省流入黄河。《一统志》：「无定河自边外流经陕西榆林府怀远县北，西南经米脂县，又东南流经清涧县东北，入黄河。一名奢延河，以溃沙急流，深浅不定，故名无定。」

将士们立誓要扫灭匈奴，个个奋不顾身地死战沙场；不幸全军覆没，五千个穿着貂锦战袍的将士，都丧生胡地。可怜这些散落在无定河边的尸骨，还是他们深闺里的妻子日夜所思念的人呢！

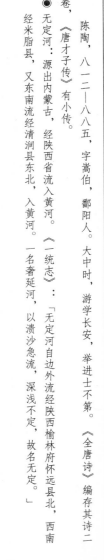

韦庄：八三六—九一〇，字端己，晚唐著名的诗人、词人，京兆杜陵人。诗风柔婉而清丽。隋唐时，日本曾多次向中国派遣友好使者，并有学问僧随行。这些学问僧在中国留住的时间，少则数年，多则二三十年。诗中的敬龙和尚，亦为其中的一位。

◉ 扶桑：我国对日的旧称。

◉ 师：指敬龙和尚。

送日本国僧敬龙归
韦庄
1
扶桑已在渺茫中，
2
家在扶桑东更东。
3
此去与师谁共到？
4
一船明月一帆风。
扶桑已经够遥远了，但你的家乡却在比扶桑更远的东边。这次回国谁和您做伴呢？但愿皎洁的月光照亮您航程，一帆顺风送您回到日本。

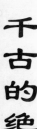

常建，?—七二七—?，开元中进士。大历中，为盱眙尉。其诗，属田园类，与王昌龄、陆擢为友。《全唐诗》有传。

◉古寺：指破山寺。今江苏省常熟县虞山兴福寺。

◉竹径：一作曲径。

◉禅房：寺后禅院，僧所居者。

◉闻：一作余。

题破山寺后禅院
常建
1
清晨入古寺，初日照高林。
2
曲径通幽处，禅房花木深。
3
山光悦鸟性，潭影空人心。

4
万籁此俱寂，惟闻钟磬音。
嗵 咚

我在清晨时走到古寺里，朝阳正照在树林里。弯曲的小路通到幽静的地方。寺僧的房间外种了许多的花草和树木。山中的风光，是鸟儿所欢喜的，临潭照影，可以洗除人们心中的烦恼。在这里各种大自然的声响都消失无踪，四周幽幽静静，只听到寺里撞钟和鼓磬的声音。

送僧归日本
钱起
上国随缘住，来途若梦行。
浮天沧海远，去世法舟轻。
とも

水月通禅寂，鱼龙听梵声。
般若波罗密，无眼鼻口舌耳心意！
惟怜一灯影，万里眼中明。

你因佛缘而来到中国居住，来时路途遥远，好像梦游一般。船在大海中浮泛，仿佛从遥远的天际而来，现在你要离去，船在大海里飘然而逝。水色和月光，能通达禅理的静寂，海中的鱼龙也争着听你诵经的声音。你应好好地怜惜这一盏佛灯，使你在万里路程上，眼中也充满了光明和智慧。

钱起，？—七五一—？，字仲文，吴兴人。大历中，与刘长卿、李益等被誉为「大历十才子」。其诗体制清新，今有诗集《钱考功集》十卷。《新唐书·文艺传》有传。

这是一首送行的诗，作者送一位日本和尚回国，但其姓名未详。

◉上国：指中国。

◉去世法舟轻：古人喻东海有仙境，故比中国为尘世。去世，谓离开中国而言。法舟，僧人所乘的船。《宋书·天竺迦毗黎国传》：「无上法船，济诸沉溺。」

枫桥夜泊
张继
月落乌啼霜满天，
呱
呱
呱
江枫渔火对愁眠。
姑苏城外寒山寺，

夜半钟声到客船。
咚咚咚咚

我眼望着月亮渐渐落下，耳听得乌鸦的啼叫声，夜里满天降着浓霜。江边的枫树和渔船上的灯火，正对着我这客愁不眠的人。姑苏城外的寒山寺，在半夜里发出钟声，远远地传送到我的船上来。

张继，？—七五三—？，字懿孙，襄州人。元宝十二年（七五三）进士及第。其诗，以白描手法胜，造景尤美。《唐诗纪事》、《唐才子传》有传。

枫桥，在今江苏省苏州市。

◉ 寒山寺：在枫桥附近的一个寺院。为今苏州名胜之一。

到了春天时候，京城里没有一个地方不飞舞着花朵。寒食节时，东风把御花园里的杨柳吹得歪斜。傍晚时候，汉宫里将蜡烛分赐给王侯，只见烛上的轻烟，都飞散在五侯的家中。

韩翃，？—七五四—？，字君平，南阳人，天宝十三年（七五四）进士及第。与钱起、卢纶等，号为「大历十才子」。《新唐书·文艺传》、《唐才子传》均有传。

这是一首寒食即景的诗，言外之音，借汉宫之事以讽唐室肃、代以来，宦官的擅权。

◉寒食：节名，在清明节前二日。《荆楚岁时记》：「晋介之推三月五日为火所焚，国人哀之，每岁春暮不举火，谓之禁烟。」

◉日暮汉宫传蜡烛：《西京杂记》：「寒食禁火日，赐侯家蜡烛。」

◉五侯家：指成帝封诸舅，平阿侯、成都侯、红阳侯、曲阳侯、高平侯。五人同日封，世谓五侯。

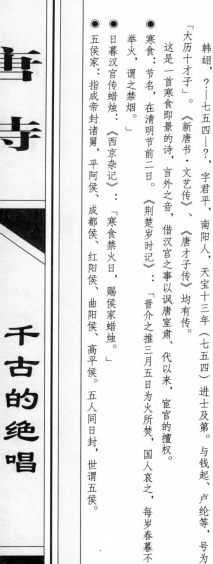

春怨
刘方平
1
纱窗日落渐黄昏，
2
金屋无人见泪痕。
3
寂寞空庭春欲晚，

梨花满地不开门。

落日照入纱窗，又是黄昏时候；她住在华丽的金屋里，没有人看见她脸庞上斑斑的泪痕。寂静空旷的庭院里，春光已将要逝去；虽然梨花落满了一地，她还是把门紧紧地关着。

刘方平，？—七五八—？，河南人。二十岁便工于词赋，与元鲁山交往，隐居不出。皇甫冉、李颀等曾以诗跟他唱和过。《唐才子传》有小传。

这是一首春闺幽怨的诗。

◉金屋：指妇女所居华丽的屋舍。汉武故事：「汉陈婴曾孙女名阿娇，其母为武帝姑馆陶长公主，武帝幼时，长公主抱置膝上，问曰：『儿欲得妇否？』并指阿娇曰：『好否？』帝笑对曰：『若得阿娇，当以金屋贮之。』」

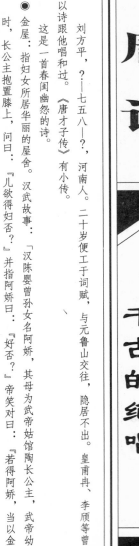

崔护，？—七九六—？，博陵人。唐德宗贞元十二年（七九六）进士，官至岭南节度使。

有一年清明节，作者到郊外南庄踏青。看到一家院中桃树旁站着一位姑娘，他向姑娘讨水喝，此情令人难以忘怀。第二年，又来此处，却见不到姑娘了，因而作此诗。

◉都城：指唐京都长安。

◉笑：形容桃花盛开的样子。

题都城南庄
崔护
1
去年今日此门中，
2
人面桃花相映红。
3
人面不知何处去，
吉屋出租
搬家了！

4
桃花依旧笑春风。
搬家了！

去年的今天在这个门里，有位姑娘的笑颜红得跟桃花一样。今年的今日又来到这里，虽然景物依旧，但姑娘却不知哪儿去了。

渡汉江
李频
岭外音书绝，
经冬复历春。
近乡情更怯，
不敢问来人。

我旅居在南岭外，几乎和家乡音讯断绝，经过了一个冬天，又过了春天。现在我渡过汉江，离家乡很近了，但心中反而有些害怕，因此也不敢向从家乡来的人询问消息。

李频，八一八—八七八？字德新，睦州寿昌人。大中八年进士及第。《唐才子传》有小传。

此为还乡之诗，写游子快到家时，心中产生了「近乡情怯」的感情。

李频自言从岭外还乡，渡过汉江，从此看，李频家，应在湖北，但《唐才子传》说他是睦州寿昌人，睦州在浙江。故或李频家已迁至湖北；或《唐才子传》记载错误。

秦韬玉，？—八八二—？，字中明，京兆人。中和二年进士，累官工部侍郎。年轻时就有诗名，每成一诗，时人便加传诵。《唐才子传》有传。

此首诗为借咏贫女以喻寒士。实是写作者的怀才不遇。

◉蓬门：寒门。

◉绮罗香：绫罗锦缎的衣服。

◉压金线：谓做刺绣的工作。

贫女
秦韬玉
1
蓬门未识绮罗香，
拟托良媒益自伤。
2
谁爱风流高格调？
共怜时世俭梳妆。
3
敢将十指夸鍼巧，
不把双眉斗画长。

4
苦恨年年压金线，
为他人作嫁衣裳。

蓬门里贫苦人家的女儿，从来没有见过绫罗锦缎的华丽，她想托一个好的媒人，替自己说合婚姻，又恐怕自己配不上别人，所以自觉得很悲伤。有谁能欣赏风雅清高的品格，共同体念时局的艰难，把自己装扮得朴实些？她自问可以夸耀自己手工针线的巧妙，却不愿把双眉画得比别人长，和别人比美。她深恨着年年做着刺绣细活，只是在替别人裁制嫁衣！

这是一首近寒食节，游子思归的诗。

◉着麦苗风：即麦苗受风。
◉等是：都是。
◉杜鹃：鸟名。子规鸟，啼声如「不如归去」。

杂诗
无名氏
1
近寒食雨草萋萋，
2
着麦苗风柳映堤。
3
等是有家归未得，
不回家过节吗？
不。
4
杜鹃休向耳边啼。

将近寒食节时，细雨霏霏、青草茂盛；春风吹拂在麦苗上，杨柳映着堤岸。我们都是在外作客的人，虽然有家却不能归去。引人发愁的杜鹃鸟，请你不要在我的耳边啼叫了！

张泌，生卒年不详，字子澄，淮南人。仕南唐，曾任句容县尉，累官至内史舍人，有诗一卷。《全唐诗》有小传。

这是一首别后怀人，寄赠的诗。

◉依依：不舍貌。

◉谢家：伊人家的代称。

◉小廊回合：犹回廊。曲折回环的小廊。

我和你分别后，心中犹依恋不舍，梦中又来到你的家里，只见曲折回绕的小廊，及栏干横斜着。梦醒时，我觉得世间最多情的，只有庭前的春月，因为它还能为我这个满怀离愁的人照着落花。

杜秋娘，生卒年不详，她本为金陵女子。曾入宫为皇子保姆，后归故里。《旧唐书》和《新唐书》均无收录她的传。

这是唐代的新歌，乐府诗集将它列在近代曲辞中，并题为李绮作，《全唐诗》视为无名氏作，蘅塘退士题为杜秋娘作。

◉金缕衣：用金线织成的衣裳，喻华丽的衣服。

◉堪：可也。

1
金缕衣
杜秋娘
劝君莫惜金缕衣，
2
劝君惜取少年时。
3
花开堪折直须折，

4
莫待无花空折枝。

我奉劝你不要只顾珍惜着金缕衣，劝你应该要好好爱惜青春年少的时光；花朵盛开可以攀折的时候，就应该把它折取下来，不要等到它凋谢之后，再去攀折空无所有的枝头！

蔡志忠

台湾彰化人。一九四八年二月出生，
十五岁开始从事漫画创作，
当兵退伍后进入光启社从事电视美术指导工作。
一九七六年成立龙卡通公司，
拍摄《老夫子》、《乌龙院》等长篇动画电影，
曾获一九八一年金马奖最佳卡通片奖。
一九八三年开始画四格漫画《大醉侠》、
《光头神探》和中国古籍经典漫画《庄子说》、《老子说》等，
迄今已达一百多部；
作品在三十一个国家和地区出版，
总销量逾三千万册。
目前正从事佛学、神学的修习和物理学等科学的研究。

蔡志忠中国古籍经典漫画（珍藏版）

◉老子说　◉庄子说　◉孔子说　◉论语 孟子说

◉大学 中庸　◉韩非子说　◉孙子说　◉列子说

◉史记　◉世说新语　◉六朝怪谈　◉六祖坛经

◉禅说　◉唐诗　◉宋词　◉菜根谭

生活·讀書·新知三联书店出版